| 홍성표 시편 기도집 |

한국교회 희망을 향한 타는 목마름

시편 1-24편

큐란출판사

추천의 글

홍성표 목사님이 《한국교회 희망을 향한 타는 목마름》이라는 제목으로 기도집을 출판했다. 시편 1편에서 24편까지의 시들을 중심으로 기도문을 작성한 것이다.

시편 자체가 이미 탄식과 절규, 호소와 탄원, 찬양과 환호의 기도이고 노래이기 때문에 굳이 시편에 기대어 또 다시 기도한다는 것이 무슨 의미가 있느냐고 묻는 이들이 있을지 모른다.

그러나 책 제목이 이미 암시하고 있듯이 필자는 시편이 가지고 있는 역사적 거리를 뛰어넘어 오늘의 한국교회 현실에서 한국교회의 미래를 위해 기도하고 있다. 그것도 시인 김지하의 시 제목처럼 '타는 목마름으로.'

필자는 자신의 삶에서, 역사의 한복판에서 신음하는 하나님의 피조물의 목마른 절규를 듣고, 같이 절규한다. 고통받는 피조물을 위해서만이 아니라 그들과 함께 기도하는 것이다. 구약성서의 시인과 필자 사이에 있는 상황의 차이에도 불구하고 이들을 잇는 끈이 있다. 그것은 오직 하나님만이, 생명의 근원이시고 역사의 주인이신 하나님만이 구원하신다는 믿음이다.

시편을 낭송하는 것 자체가 놀라운 구원의 능력을 경험하게 한다는 것은 지은이만의 생각이 아닐 것이다. 고통과 고난 속에서 희망을 찾는 이들에게 이 시편 기도집이 희망의 씨앗이 되기를 바란다.

2014년 4월 6일

채수일(한신대학교 총장)

추천의 글

지금은 기도할 때

오늘날 한국교회는 언행 불일치의 신앙생활, 복음의 상품화, 교인 수의 감소와 사회 신뢰도의 하락으로 총체적 위기상황에 있다. 하지만 그것이 어디 한국교회만의 문제인가! 한국사회는 지금 사회적 소통의 단절, 정치적 비민주화와 경제적 불평등으로 진통을 앓고 있다. 그 어느 때보다도 교회와 사회의 개혁이 절실한 시대다. 그러나 그것은 화려한 구호나 과격한 행동으로 실현되지 않는다. 그것은 진실한 기도에서 시작되어야 한다. 교회의 타락과 사회의 부패는 저자가 본문에서 정확하게 분석한 것처럼 근원적으로 인간의 탐욕에서 기인하기 때문이다.

그러므로 저자는 "세상을 향하여 우리의 목소리를 높이기 전에 우리 내부의 더러움을 성령과 말씀으로 씻어 내고 청소하고 태울 것은 태워서 거름으로 사용해야 한다"고 강조한다. 그렇다! 기도는 자기를 낮추고 비울 뿐만 아니라 예수의 삶을 따르는 결단의 행동이다. 그 때문에 예수의 참된 제자는 먼저 기도를 통해서 '거짓과 위선, 자만과 교만, 인격의 이중적 행동과 실천'을 죽이고 하늘을 우러러 한 점 부끄러움이 없는 삶을 살아야 한다. 그때 기도는 개인의 실존적 차원을 넘어서 가난하고 고통당하는 이웃을 돌보며 교권과 금권에 물든 교회를 개혁하고 사회적 갈등과 역사의 모순을 넘어 화해와 용서를 추구하는 행동하는 삶이 된다. 이러한 기도의 삶은 이 책의 저변을 흐르는 화산맥이다.

참으로 이 책은 저자가 한국교회와 사회를 바라보면서 뼈를 깎고 심장을 도려내며 피를 토하는 심정으로 쓴 기도문이다. 종교적이고 사회적인 다양한 주제들을 다루고 있지만 전체를 관통하는 큰 흐름은 하나님의 사랑과 정의에 근거한 교회와 사회의 개혁 및 예수의 참된 제자의 삶이다. 독자들은 이 책을 통해서 한 사람의 목회자가 한국교회와 사회를 바라보며 뼈를 깎아 한 올 한 올 수놓은 실존적 고민을 느낄 수 있고, '주님을 미치도록 그리워하고 사랑하는 것'이 무엇이며, 이 암울한 시대에 기독교인으로 산다는 것이 어떤 의미인지를 잘 알 수 있을 것이다.

또한 이 책을 읽는 모든 독자들이 저자가 서문에서 밝혔듯이 이 시대의 징조를 함께 보고 기도제목으로 공유하고 작은 외침에 동참할 뿐만 아니라 구구절절이 녹아 있는 저자의 심장 소리를 들을 수 있기를 기대한다.

> 하늘을 우러러 한 점 부끄러움이 없기를 오장육부로 다지고 다지며, 뼛속까지 새기고 또 새겼다. 한 잎새가 흔들리는 것을 보고 아파했던 윤동주처럼 하찮게 여겨지는 생명의 괴로움을 보며 잠 못 이루고, 가슴을 쥐어짜듯, 심장을 도려내듯 밤을 하얗게 지새우기 일쑤였다(본문 중에서).

2014년 4월 6일

류장현(한신대학교 교수)

추천의 글

한국교회 희망을 향한 타는 목마름

　신학자 에벨링(G. Ebeling)은 교회의 역사란 '성서해석의 역사'라고 정의했다. 그렇다. 지난 2천 년의 기독교 역사는 다름 아닌 하나님 말씀을 듣고 실천한 사람들의 역사다. 그렇다면 오늘날 우리 그리스도인들은 지나온 역사에서 하나님의 말씀을 통해 하나님을 만날 수 있지 않겠는가? 오늘날 그리스도인들에게 문제는 성경 말씀을 단지 정보 차원에서만 만나고 삶의 변화 차원에서 만나지 않는 데 있다. 더욱 심각한 문제는 성경 말씀을 모르는 데 있는 것이 아니라 성경 말씀을 들어도 들리지 않는 데 있다. 이것은 하나님께서 나를 향한 현재적 심판일 수 있다.
　오늘날 왜 이토록 '영성'이란 단어가 화두로 대두되고 있을까? 그것은 기존의 경건 훈련 방식으로는 하나님을 깊이 경험할 수 없기 때문에 '영성'이란 새로운 이름으로 탈출구를 모색해 보려는 시도가 아닌가 싶다.
　그런데 오늘날 영성 운동이나 수련 방법은 너무 테크니컬한 면에 치중하고 있는 것처럼 보인다. 이렇게 되면 달을 보는 것이 아니라 달을 가리키는 손가락만 보고 마는 꼴이 된다. 기독교 영성가들의 영성 훈련은 성경 읽기와 기도가 그 핵을 이루고 있다. 이들은 성경 말씀을 통해 하나님을 경험하기 원했으며 삶 속에서 실천을 통해 수덕의 삶과 완전에 이르기를 갈망했다.

홍성표 목사님이 펴낸 이 기도서는 저 옛날 하나님 앞에 마주선 한 인간의 실존적인 기도요 찬양이요 고백이었던 시편들을 오늘의 삶의 자리에 대입했다. 홍 목사님의 기도는 새벽을 알리는 닭 울음소리 같기도 하고 방황하다 지쳐 돌아온 탕자를 따스한 가슴으로 품어주는 아버지의 넉넉한 품 같기도 하다. 무엇보다 세상살이에 지친 영혼들을 위로하고 치유하고 회복시켜 주는 모성의 미학이 물씬 풍겨난다.

칼 바르트는 '기도하기 위해 모은 두 손은 이 세상 무질서에 대한 항거의 시작'이라고 외쳤다. 홍 목사님의 시편으로 드리는 기도는 바로 이 세상 부조리와 무질서에 대한 준엄한 항거요 잠자는 영혼들을 일깨우는 새벽 종소리다.

신앙의 깊이와 말씀의 화육은 기도를 통해 달성된다. 성경 읽기가 음식을 입에 넣는 것이라면 묵상은 이를 씹어서 조각을 내는 것이며, 기도는 음식의 맛을 뽑아내는 것에 비유할 수 있다. 음식은 먹되 맛을 모른다면 마치 성경을 읽되 그 의미를 모른 채 단지 정보의 차원에 머물러 있는 것과 같다. 아무쪼록 홍 목사님의 기도서가 영적 혼돈기를 겪고 있는 한국교회 영적 갱신에 도움을 주는 길잡이가 되길 간절히 소망한다.

2014년 4월 5일

김주한(한신대학교 교목실장)

서문

기도의 문을 열면서

월터 부르거만(Walter Brueggemann)은 그의 책 《구약(Old Testament)》에서 위대한 독일의 학자 게르하르트 폰라드(Gerhrt Von Rad)의 견해를 빌려 "시편은 욥기(Job), 잠언(Proverbs)과 함께 창조주와 계약의 주체인 하나님(covenant maker)으로서 하나님의 기적적인 중재에 대한 '응답'(response)"이라고 말하고 있다.

필자는 성경을 알고부터 하나님 말씀에 붙들려 살아왔다. 공관복음서를 통하여 예수의 나심과 오심의 목적을 알고, 그의 성장과 복음 사역의 시작이 흑암과 어둠 속에 빠진 갈릴리 이방인에게 전해지는 모습, 특히 예수님이 가시는 곳곳마다 병자들이 몰려오고 치유의 역사가 일어나며 귀신이 쫓겨나는 하늘의 권세를 마음과 영혼 깊이 경험하였다. 병자들의 치유를 통하여 민중들의 아픔을 어루만지며 그들의 육적이고 영적인 목마름과 배고픔을 채워주시는 구체적인 사랑의 행위들을 목격하였다.

창세기를 읽으면서는 창조의 신비와 전 역사의 이야기들, 노아의 홍수와 소돔과 고모라의 멸망, 창조된 사람과 부족들, 믿음의 아버지 아브라함과 야곱 그리고 요셉에 이르기까지 열두 부족의 이스라엘 탄생과 그들의 삶의 여정들, 요셉의 유혹에 대한 단호한 물리침과 그의 타국에서의 고난과 승리와 그를 통한 하나님의 섭리, 야곱과 에서의 갈등과 재회 등의 이야기는 잊을 수 없는 감동의 드라마였다.

출애굽을 보며 모세의 탄생과 그의 성장 과정, 그리고 그가 미디안 광야에 내쳐지게 되는 살인과 동족의 고발의 삶의 전개, 당시의 세계사 중심에 있는 이집트의 최고 권력자 파라오와의 싸움, 그리고 그와 동행하시며 역사하시는 하나님의 섭리와 역사를 보며 가슴 뭉클한 순간들을 지금도 경험하고 있다.

특히 동풍을 불게 하시고 홍해를 가르시며 바다를 건너게 하시는 살아 계신 하나님의 구원의 능력을 목격하며 우리의 구세주임을 너무도 강하게 체험하고 있다.

필자는 죄악으로부터 구하고 우리의 붉은 죄를 용서하실 수 있는 분은 하나님밖에 없다는 것을 확신하고 있다. 우리의 눈물을 훔쳐 주시며, 슬픔을 위로하시고 고통과 어려움이 있을 때마다 우리를 도우시는 분은 하나님 외에는 없음을 잘 알고 있다. 물론 우리가 사는 역사는 원죄의 용서와 함께 사회적 구조 악이 세상 도처에 도사리고 있음을 잘 알고 있다.

이러한 모순 속에서 불의하고 부정한 삶의 한복판, 음침한 사망의 계곡을 건너가면서 서로 주고받는 상처를 치유해야 하는 정황이 놓여 있다.

창조주와 그 피조물들과의 계약의 중재와 응답을 가르쳐 주는 시편의 말씀은 내가 사랑하는 영혼의 양식이며 생명수이고 나를 살게 하는 하나님의 힘이다.

예수의 제자들, 그리고 사명 받은 자들, 그리스도인들이 어디에서 힘을 얻을 수 있겠는가? 그것은 성령의 능력과 역사 안에서 말씀하시는 하나님의 말씀임을 확신한다.

하나님 말씀 어디에서든 우리는 살아 계신 하나님을 만날 수가 있다. 그러나 시편처럼 영적 내면의 깊이를 잔잔히 적시는 말씀도 없을 것이다. 위로와 격려, 치유와 비전, 회개와 용서, 사랑과 희망 등 이만큼 사람들 내면의 깊이를 맑은 거울처럼 바라볼 수 있는 투명한 영혼의 거울은 찾기 어려울 것이다. 필자는 이러한 영혼의 거울을 통하여 자신과 민족, 우리가 사는 나라와 사회의 모습들을 비춰보면서 자신에 대해 성찰하고 역사적으로 성찰하도록 기도해 보고자 한다.

삶뿐 아니라 역사와 자연, 민족의 미래와 희망의 근본을 이 작은 기도문에서 독자들과 공유하려 한다. 앞으로도 시편을 통하여 내 자신은 물론이고 역사와 민족, 사회의 내면을 함께 비춰보려는 시도를 계속하려 한다. 여기저기 많은 글들을 써 보았지만 그래도 부끄럽고 졸필인 이 책을 감히 세상에 내보내려 한다.

이 기도문은 시편의 순서대로 본문을 인용하면서 자연스럽게 읽어가도록 하였다. 이 기도문을 읽는 사람마다 하나님의 크신 축복과 은총, 평화가 충만하기를 바라며 상처들이 치유되어 살아 계신 하나님과 우리를 구원하는 예수 그리스도를 만나는 놀라운 역사가 일어나기를 간절히 기도한다. 필자는 하루하루의 삶을 살고 역사적 정황을 경험하면서 하나님의 말씀 안에서 우리가 사는 역사가 온전하게 치유되며 창조가 완성되도록 계속 기도할 것이다.

시편은 영혼의 거울이다. 시편의 고백들은 알 수 없는 인간 내면의 깊이를 들추어내고 그 가운데 개인과 역사, 전체 우주를 관통하는 속모습을 드러내고 있다. 아픔과 탄식, 슬픔과 기쁨, 분노와 저주, 축복과 희망, 죽음과 새 생명, 전쟁과 평화, 정의와 불의를 극명하게 비추고 있다. 시편 자체로서 우리는 만족을 경험하고도 남는다. 그러나 필자는 시편을 통하여 나 자신과 동시대를 사는 우리 그리고 역사와 우주를 나름대로 관찰하며 작은 고백들을 토하고 싶은 마음으로 원 나무에서 작은 가지를 치고 있는 것이다.

자연과 인간의 공존을 주장하고 개인과 전체가 함께하며 탐욕과 소유로부터의 해방과 자유를 부르짖고, 독재와 독점 독단으로부터 진정한 해방을 보수와 진보가 아닌 모두의 통전적 삶 속에서 민중과 빈자, 나그네의 삶의 힘을 발견하고자 한다.

이 기도문을 대하고 읽는 누구라도 진정한 삶의 가치와 우리 시대의 절박한 기도와 실천들을 깨달으며 어떤 고난 속에서도 포기가 아닌 새로운 삶의 시작과 희망을 보며 풍성한 삶의 가치와 열매를 맺기를 기도한다.

나만의 삶의 고집과 아집이 아니라 우리 모두가 함께 사는 진리와 길 그리고 생명의 힘을 충전하기를 기도하는 것이다. 특히 삶의 좌절과 절망, 어둠과 혼돈의 길목에 서 있는 자들이 이 기도문을 대하는 순간 새로운 삶의 문이 열리며 살아 계신 하나님과 창조주를 만나는 기적이 있기를 바란다.

이 기도문을 세상에 내어 놓는 것은 독자와 함께 새로운 삶과 역사의 창조를 기도하자는 필자의 열망이 있어서다. 주님은 고통과 고난, 죽음과 절망의 벼랑 끝에서 우리를 살리시고 붙드시며 생명의 길로 인도하셨기 때문이다.

그리고 우리 시대의 가장 절박한 문제, 민족의 분단이 통일로 가는 하나님의 역사를 위해 기도한다. 흡수의 힘에 의한 강제적 통일이 아니라 우리 모두가 함께 살며 세계 평화에 기여하는 한반도의 새로운 역사가 가급적 속히 오기를 기도한다. 이 기도문을 대하는 모든 분들

위에 하나님의 축복과 예수 그리스도의 은총 그리고 평화가 충만하길 기도한다.

지금까지 신문이나 여러 잡지 등 글을 많이 썼지만 단행본으로 책을 내는 것은 처음이다. 그러기까지 여러 가지 이야기들이 쌓여 있지만 그런 것들마저 다음으로 미루기로 한다.

목회의 길에 들어선 지 벌써 삼십 수년을 지나고 있다. 농촌과 산골 그리고 강남과 미국의 이민 목회 등을 거치며 쌓인 이야기들이 너무도 많다. 이런 이야기들 속에 살아 계신 하나님의 역사를 매 순간 체험해 오고 있다.

이 글들을 책으로 펴내주시는 쿰란출판사 대표 이형규 장로님과 오완 편집부 과장님 그리고 편집과 교정을 위하여 수고하신 모든 분들께 진심으로 감사를 드린다.

하나의 책이 아니라 한국교회를 위한 공감들을 서로 조금이라도 엮어냈으면 한다.

2014년 4월 5일
홍성표

차 례

추천의 글 _ 채수일 (한신대학교 총장) • 2
　　　　 _ 류장현 (한신대학교 교수) • 3
　　　　 _ 김주한 (한신대학교 교목실장) • 5
서문 • 8

기도문

복 있는 사람 _ 시편 1편(1-6) ⋯ 18
기름 부음 받은 자 _ 시편 2편(1-3) ⋯ 20
내게 구하라 _ 시편 2편(4-11) ⋯ 22
하나님을 경외하며 떨며 즐거워하라 _ 시편 2편(9-12) ⋯ 24
응답하시는 하나님 _ 시편 3편(1-4) ⋯ 26
주여 나를 구원하소서! _ 시편 3편(4-8) ⋯ 30
하나님이여 응답하소서 _ 시편 4편(1-3) ⋯ 33
주야로 돌보시는 주님 _ 시편 4편(5-8) ⋯ 35
내가 주께 기도하나이다 _ 시편 5편(1-2) ⋯ 37
아침(새벽)에 드리는 기도 _ 시편 5편(3) ⋯ 40
주님은 죄악을 기뻐하지 않으신다 _ 시편 5편(4) ⋯ 42
겸손한 자가 되게 하소서 _ 시편 5편(5) ⋯ 45
진실한 자가 되게 하소서 _ 시편 5편(6) ⋯ 47
주를 경외하게 하소서 _ 시편 5편(7) ⋯ 50

주님의 분을 내게서 거두소서 _ 시편 6편(1-10)	… 53
신뢰할 수 있게 하옵소서 _ 시편 5편(8-12)	… 57
나를 돌아보게 하소서 _ 시편 7편(1-8)	… 60
우리의 심장을 감찰하소서 _ 시편 7편(9)	… 64
정직한 자 되게 하옵소서 _ 시편 7편(10)	… 69
의로우신 재판장님 _ 시편 7편(11)	… 72
회개치 아니하면 _ 시편 7편(12-17)	… 75
아름다운 주님의 이름 _ 시편 8편(1)	… 80
주께서 저를 생각하시며 _ 시편 8편(2-9)	… 84
내가 전심으로 주께 감사하오며 _ 시편 9편(1)	… 88
주의 이름을 찬양합니다 _ 시편 9편(2)	… 91
의로운 재판을 하시옵소서 _ 시편 9편(3-8)	… 95
주님은 나의 피난처입니다 _ 시편 9편(9)	… 98
주의 이름을 의지합니다 _ 시편 9편(10)	… 101
주의 행사를 선포합니다 _ 시편 9편(11)	… 104
가난한 자의 부르짖음을 들으소서 _ 시편 9편(12)	… 108
여호와여 내게 은혜를 베푸소서 _ 시편 9편(13-14)	… 112
자신을 알라 _ 시편 9편(15-16)	… 118
가난한 자를 기억하시는 주님! _ 시편 9편(17-20)	… 124
주여 저를 멀리하지 마소서 _ 시편 10편(1)	… 127
하나님이 없다 하는 자 _ 시편 10편(2-11)	… 130

외로운 자의 하나님! _ 시편 10편(12-16) ··· 134

겸손한 자의 하나님 _ 시편 10편(17-18) ··· 137

주님은 내 삶의 터입니다 _ 시편 11편(1-7) ··· 140

경건하고 신실한 자 되게 하옵소서 _ 시편 12편(1) ··· 145

아부 아첨 두 마음 _ 시편 12편(2-4) ··· 148

안전케 하시는 하나님 _ 시편 12편(5) ··· 152

나를 단련하옵소서 _ 시편 12편(6) ··· 157

우리를 지키소서 _ 시편 12편(7-8) ··· 161

오직 주의 사랑 _ 시편 13편(1-6) ··· 164

어리석은 자를 면하게 하소서 _ 시편 14편(1) ··· 169

하나님을 찾는 자 _ 시편 14편(2-5) ··· 174

가난한 자의 피난처 _ 시편 14편(6-7) ··· 178

누가 주의 장막에 거할 수 있습니까? _ 시편 15편(1-5) ··· 182

주님은 나의 복입니다 _ 시편 16편(1-2) ··· 185

존귀한 자 _ 시편 16편(3) ··· 189

오직 하나님만이 신이십니다 _ 시편 16편(4) ··· 192

나의 산업과 잔의 소득 나의 분깃 _ 시편 16편(5-6) ··· 196

생명의 길을 보이소서 _ 시편 16편(7-11) ··· 199

나의 기도를 들으소서 _ 시편 17편(1-3) ··· 204

주의 길을 굳게 지키게 하옵소서 _ 시편 17편(4-6) ··· 209

주께 피하는 자들 _ 시편 17편(7) ··· 214

주의 얼굴 보게 하소서 _ 시편 17편(8-15)	⋯ 218
나의 힘이신 하나님! _ 시편 18편(1)	⋯ 221
하나님은 내가 거할 곳이다 _ 시편 18편(2)	⋯ 225
환난 중에 부르짖으라 _ 시편 18편(3-6)	⋯ 228
나의 의지할 자 하나님 _ 시편 18편(7-18)	⋯ 231
주의 율례를 따르게 하소서 _ 시편 18편(19-25)	⋯ 234
주의 자비를 내리소서 _ 시편 18편(25-27)	⋯ 237
주가 보시기에 깨끗한 자가 되게 하옵소서 _ 시편 18편(26-29)	⋯ 240
나의 방패가 되소서 _ 시편 18편(30)	⋯ 243
하나님은 한 분이십니다 _ 시편 18편(31-36)	⋯ 247
모든 다툼에서 나를 건지소서 _ 시편 18편(37-45)	⋯ 250
하나님은 살아 계신다 _ 시편 18편(46-50)	⋯ 253
하나님의 말씀을 듣게 하소서 _ 시편 19편(1-4)	⋯ 258
주의 말씀으로 영혼을 살리소서 _ 시편 19편(5-8)	⋯ 261
순금과 꿀보다 주의 말씀을 더 사모하게 하소서 _ 시편 19편(9-12)	⋯ 264
모든 허물에서 벗어나게 하소서 _ 시편 19편(11-14)	⋯ 266
환난 날에 응답하소서 _ 시편 20편(1-3)	⋯ 271
소원과 계획을 이뤄주소서 _ 시편 20편(4)	⋯ 276
하나님의 깃발을 세우소서 _ 시편 20편(5)	⋯ 281
구원의 힘 _ 시편 20편(6-9)	⋯ 284
주의 능력을 찬양합니다 _ 시편 21편(1-13)	⋯ 290

나를 버리지 마소서 _ 시편 22편(1)	… 295
응답하소서 _ 시편 22편(2)	… 298
나를 조롱하고 비웃는 자들을 깨우쳐 주소서 _ 시편 22편(3-8)	… 301
속히 나를 도우소서 _ 시편 22편(8-21)	… 306
겸손한 자가 되게 하소서 _ 시편 22편(22-31)	… 311
하나님은 나의 목자 _ 시편 23편(1)	… 313
푸른 풀밭 쉴 만한 물가 _ 시편 23편(2)	… 315
내 영혼을 소생시키소서 _ 시편 23편(3)	… 317
사망의 음침한 골짜기 _ 시편 23편(4)	… 319
주여 함께 하소서 _ 시편 23편(4)	… 321
나는 두려워하지 않습니다 _ 시편 23편(4)	… 323
나를 안위하소서 _ 시편 23편(4)	… 325
주의 지팡이와 막대기 _ 시편 23편(4)	… 327
원수의 목전에서 _ 시편 23편(5)	… 329
내 잔이 넘치나이다 _ 시편 23편(5)	… 331
하나님의 집에 영원히 살게 하소서 _ 시편 23편(6)	… 334
모든 것이 하나님의 것 _ 시편 24편(1)	… 336
하나님의 산에 오를 자 _ 시편 24편(2-4)	… 338

저자 후기 • 341

한국교회
희망을 향한 타는
목마름

기도문

1. 시편 1편(1-6)

복 있는 사람

사랑의 주님 나와 우리 가족, 그리고 이 나라가 주님을 영접하고
하나님의 자녀가 된 것을 진실로 감사드립니다.
우리 모두가 악인들의 꾀를 따르지 아니하며
죄인들의 길에 서지 아니하고
오만한 자리에 앉지 않게 된 것을 진실로 감사드립니다.
우리가 한때 잠시라도 죄인들과 악인들과
오만한 자들과 함께한 순간이 있다면
이 모든 악과 죄의 길과 오만했던 것에서 돌아서게 하옵소서.
하나님의 율법과 말씀을 소홀히 하고
가볍게 여겨서 들어도 흘려보내고
깊이 묵상하지 못하였음을 불쌍히 여겨 주옵소서.
침상에서 일어나 잠자리에 누워 잠이 들 때까지
주님의 말씀을 가까이하지 못한 것을 용서하옵소서.
이제부터라도 주님의 말씀을 주야로 묵상하는
좋은 습관을 갖게 하옵소서.
그리하여 우리와 가정, 자녀들과 이 나라에 사는 사람들이
철을 따라서 주님의 거룩하고 합당한 열매를 풍성히 맺게 하시고
하나님 보시기에 아름다운 세상을 만들게 하옵소서.

우리의 사랑과 정의롭고 평화로운 삶의 행실과 실천이
마르지 않는 생명력을 간직하게 하시고
항상 형통하게 하옵소서.
악인들처럼 바람에 나는 겨와 같이 헛된 삶을 살지 않게 하시며
주님의 날에 심판을 견디지 못하는,
돌이킬 수 없는 후회가 없게 하옵소서.
주님을 믿고 따르는 우리 모두가 죄인들이 되어
의인의 모임에 들지 못하는 일이 없게 하시며
악인들과 같이 주님께 인정받지 못하고 망하는 일이 없게 하소서.
사람들에게는 칭찬을 받게 하시며
하나님께는 인정을 받는 복된 자가 되게 하옵소서.
이 땅에서는 하나님을 찬양하고 주님을 믿는 믿음으로 사는
복을 받게 하시고 주님께서 우리의 가정과 부부,
그리고 자녀들의 삶의 주인 되는 복을 받게 하소서.
먼저는 믿음과 영적인 복을
다음에는 건강의 복을 받게 하시고
물질로 시험 드는 일 없게 하시며
꾸어 주고 나누어 주어도 부족함이 없게 하소서.
우리 주 예수 그리스도 이름으로 기도합니다. 아멘.

2. 시편 2편(1-3)

기름 부음 받은 자

살아 계시고 은혜가 풍성한 하나님!
오늘날 우리가 사는 세상은 진실도 없고
무지와 거짓과 폭력과
죄악이 땅과 하늘을 덮고 있습니다.
전쟁의 소리가 사방에서 들려오고
지도자가 될 사람들의 부패와 비리가 온 우주에 메아리치고 있습니다.
차마 입에 담을 수 없는 죄악들이
모든 대중 매체에 홍수를 이루고
정의와 정직, 경건과 신실함이 어둠으로 묻혀 가고 있습니다.
세상의 맘몬 우상과
인간의 영혼을 갉아먹는 귀신들이 우리 모두를 붙잡고
삶을 혼돈에 빠뜨리고 있습니다.
하나님 여호와께서 기름 부음 받은 자를 대적하며
세상의 군왕과 공직자들이
우리가 맨 것을 끊고 그 결박을 벗어버리자 하고 있습니다.

역사를 주관하시고
인간의 생사 화복을 주장하시는 주님!

우리 모두에게 모든 죄악을 물리치고
이방 나라들이 분노하며 민족들이 헛된 일을 꾸미지 못하도록 하소서.

생명의 주님!
우리에게 성령의 기름을 물 붓듯이 부으시고
살아 계신 주님의 말씀에 붙들리어
모든 나라의 군왕과 관원, 공직자들이
하나님의 이름과 우리 주 예수 그리스도의 이름을 앞세워
허망하고 부질없는 모든 일을 중단하며
주님의 거룩하고 합당한 열매를 맺는 일을 감당케 하소서.
우리의 가정에서
우리의 자녀들이
그리고 우리의 교회 공동체가
이 나라와 민족과 사회 모든 분야의 사람들이
헛된 일을 버리게 하옵소서!
예수 그리스도의 이름으로 기도합니다. 아멘.

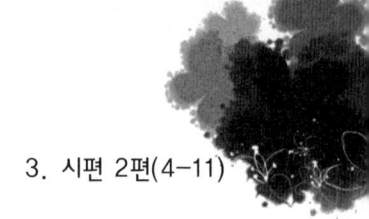

3. 시편 2편(4-11)

내게 구하라

사람들이 행하는 모습을 보고
하늘에 계신 자가 웃으십니다.
우리가 좋아서 하는 일
우리가 행복하다고 하는 일
우리가 도모하는 경쟁과 싸움
우리가 추구하는 욕망과 탐욕
이 모든 것들을 보시고
하늘에 계신 이가 웃고 계십니다.

사랑의 주님!
우리가 행하는 모든 일들이 주님 보시기에
합당하기를 원합니다.
우리가 하는 모든 일들이 주님 보시기에
인정받는 것들이 되기를 바랍니다.
우리가 도모하는 모든 것들이
이 땅에 주님의 나라 이루는 힘이 되기를 바랍니다.
우리의 가정에서
우리의 교회에서

우리의 일터와 직장에서
우리의 학교와 교육 현장에서
우리가 돌보는 사람들의 장소에서
주님 보시기에
심히 만족한 것들이 되기를 원합니다.
썩고 더러워지고 멸망당할 것들이 아니라
썩고 더럽지 않고 멸하지 않는 영생과 잇대어지는
생명을 살리는 일들이 되게 하옵소서.
주님의 분노와 진노를 피하고
거룩한 시온에서 하나님의 명령을 선포하며
열방을 유업으로 받기를 구하고
우리의 생명의 터를 넓히게 하옵소서.
예수 그리스도의 이름으로 기도하옵나이다. 아멘.

4. 시편 2편(9-12)

하나님을 경외하며 떨며 즐거워하라

우리가 처음 주님을 만나던 날
우리의 가슴에는
주님을 존경하고 두려워하는 마음이
충만하였습니다.
우리가 주님을 만나던 그때에는
우리 마음이 떨리고 한없는 기쁨이 충만하였습니다.
우리가 주님을 만난 때에
말로는 형용할 수 없는 즐거움이 파도처럼 넘치고
바람처럼 춤을 추었습니다.
주님만이 나의 전부였으며
주님만이 나의 생의 목표였습니다.
주님 없이는 살 수가 없었습니다.
주님 없이는 삶의 가치도 의미도 없었습니다.
주님은 나의 생의 전부였습니다.
주님이 계시기에 희망이 있고
주님이 계시기에 모든 것을 참을 수 있었으며
주님이 계셨기에 이웃을 사랑하고
봉사와 헌신이 있었으며

주님이 계시기에 노래할 수 있었습니다.
주님을 늘 그리워하며
주님을 사모하고
주님을 밤낮으로 기다렸습니다.
주님 이제도 그리고 언제라도
주님을 경외하는 믿음을 주옵소서.
주님을 만나게 될 때마다 설레고 떨리는 두려움과
옷깃 여미는 삶을 살게 하옵소서!
주님만이 나의 행복의 전부가 되게 하시고 주님으로 하여금
내게 절망의 끝에서라도 살맛나는 회복과
용기를 갖게 하옵소서.
예수 그리스도의 이름으로 기도합니다. 아멘.

5. 시편 3편(1-4)

응답하시는 하나님

구원의 주님!
주님은 진실로 살리는 주님이십니다.
내가 부모님의 사업이 무너져 내리고
집달리에 의해서 모든 것에 빨간 딱지가 붙어 가며
집도 거처도 없는 가정의 흩어짐에서
우리 모두를 버리시는 줄 알았습니다.
그때만 하여도 우리는 주님을 알지 못하였고
뵈올 길이 없었습니다.
나는 그렇게 하고 싶었던 공부를 접어야 했고
어느 고아원 원장집에 머물게 되었습니다.
다 사춘기를 보내는 시기였습니다.
거기에서 나는 처음으로 부모 없는 고아들의 삶을 보고
짧은 기간이지만 반년의 삶을 살게 되었습니다.
그들은 먹는 것이 부실하여
늘 허기진 배를 움켜쥐었습니다.
너무 배가 고파 '빵집털이'가 되기도 하였습니다.
우리 형제는 일곱 남매가 모두 각기 흩어져 살게 되었습니다.
그때는 홀어머니의 고통과 어려움도 이해하지 못했습니다.

아! 모든 것이 무너져 내리는 삶이었습니다.
나는 그리운 가족들을 만나지 못하고
이름만 들은 서울에 올라와
일주일을 굶은 후에야
너무도 배가 고파 일터의 문을 두드렸습니다.
그때에도 주님은 나를 찾아주지 아니하셨습니다.
나는 처절한 생존을 위하여
이른 아침부터 밤이 멎도록
어떤 때는 밤을 꼬박 새우는 날이
더 많을 정도로 죽도록 일하였습니다.
하루 임금 20원으로는 밥 세 끼도 해결할 수 없었으며
박한 임금에 최악의 열악한 작업 현장은 나를 병들게 하였습니다.
적은 수면 시간과 영양실조, 먼지와 티끌이 가득한 노동 환경은
여지없이 나의 폐를 갉아먹었습니다.
그때에도 주님은 나를 찾지 아니하셨습니다.
나는 병들어 죽을 날만 기다리는 숨 가쁜 어린 새가 되어
죽음을 노래하며 신음하고 있었습니다.
그때에 어느 천사를 만났습니다.
"밑져봐야 본전이야, 예수 한 번 믿어봐."
주님은 그분을 통하여 나에게 문을 두드렸습니다.
내가 끝없는 죽음의 벼랑으로
천 길 낭떠러지에 매달려
가쁜 숨을 몰아쉴 때에
주님은 나를 부르시고 붙들어 주셨습니다.

주님은 너무 야속하고 독한 분이셨습니다.
그러나 주님은 죽을병을 통하여
내가 완전히 주님만을 의지하도록 하신 것입니다.
주님은 나를 단지 이 땅에서만의 생명이 아니라
영원한 생명을 주시기 위하여
새로 나는 죽음의 통과제의를 거치게 한 것입니다.
하나님은 나의 많은 원수들
나를 치려 하는 많은 대적들
그리고 최고의 두려운 죽음의 원수들에게서
나를 건지시는 구원의 방패요
구원의 영광의 머리가 되셨습니다.
내가 나의 목소리로
하나님께 부르짖으니
거룩한 주님의 산에서
응답하셨습니다.
진실로 주님은 구원의 주님이십니다.
진실로 주님은 생명의 주님이십니다.
주님은 상한 갈대도 꺾지 아니하시며
꺼져가는 등불도 끄지 아니하시는 사랑의 주님이십니다.

생명의 주님!
우리 모두가
우리 가정이
우리의 교회 공동체가

우리 민족과 나라가
온 지구촌이
온 우주가 주님의 생명의 손을 놓지 않게 하옵소서!
예수 그리스도의 이름으로 기도하옵나이다. 아멘.

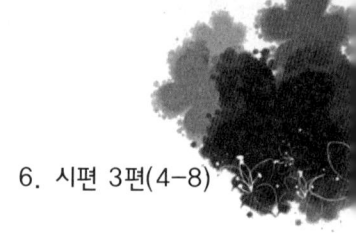

6. 시편 3편(4-8)

주여 나를 구원하소서!

사랑의 주님!
우리에게 밤과 낮을 나누어 주신 것을 감사드립니다.
낮에는 아침부터 일하게 하시어
일용할 양식을 얻게 하시고
햇빛을 통하여 만물이 소생하고 자라게 하시며
열매 맺게 하심을 감사드립니다.
밤에는 새로운 내일을 위하여 휴식을 갖게 하시고
밤을 지나면서도 주님을 만나게 하시며
꿈을 꾸게 하시어
주님의 뜻을 알게 하심도 감사를 드립니다.
낮은 햇빛을 통하여
모든 만물의 아름다움을 보게 하시고
주님의 솜씨를 찬양케 하시며
밤은 아름다운 별과 은하수를 보며
상상의 날개를 펼 수 있도록 하심을 감사드립니다.
일할 수 있는 즐거움과
쉴 수 있는 안식과
일과 쉼의 조화를 통하여

주님의 창조의 섭리를 깨닫게 하시며
삶의 묘미를 알게 하심을 진실로 감사를 드립니다.
낮에는 일터에서 이웃과 협력하고
밤에는 흩어진 가족들을 만나는 즐거움으로
행복과 웃음을 갖게 하심을 감사드립니다.
그러나 이제는 산업화 이후
우리는 낮과 밤을 구별치 못하고
자연과 섭리의 순환을 상실하였습니다.
인간의 탐욕과 무분별한 개발로
자연은 죽어가고 하천과 바다와 땅은 오염되어
썩어 가고 있습니다.

생명의 주님!
우리 모두를 불쌍히 여기시고
자비와 긍휼을 베풀어 주옵소서!
낮에 일하는 즐거움도
밤에 쉬는 기쁨도 사라지고
모든 행복은 사람들의 욕망에
묻혀 버리고 끝없는 바벨탑의 욕망만
하늘로 치솟고 있습니다.

구원의 주님!
우리 모든 사람들이 욕심을 내려놓고
생명의 낮과 밤에 생명의 리듬을 찾게 하시고

진정한 행복이 무엇인지 알게 하옵소서!
다시 살아서 땅이 생명을 이롭게 하는 먹을거리를
생산케 하시고
밤은 우리 가족들이 모여
별과 은하수를 바라보며
지난날의 추억을 더듬고
희망의 날개를 펴는 노래를 할 수 있도록 하소서.
낮은 생명이 약동하는 시간으로
밤은 아름다운 꿈을 꾸며 새날을 준비하는 시간으로 맞게 하소서.
나와 우리가 누워 자고 깨어 있는 모든 날
모든 시간들이 주님이 붙드는 시간 되게 하소서.
천만의 원수와 대적들이 나와 우리를 둘러쳐도
두려워 아니하고
주께서 붙들고 있음을 알게 하옵소서.
하나님이여! 일어나소서!
나의 하나님이여 나를 구원하소서.
주님께서 모든 원수의 뺨을 치시고
악인의 이를 꺾으시어 저들을 부끄럽게 하소서.
구원은 오직 하나님께만 있사오니
주의 복을 모든 백성에게 내리소서.
예수님의 이름으로 기도합니다. 아멘.

7. 시편 4편(1-3)

하나님이여 응답하소서

생명의 주님!
우리가 부르짖을 때에 주님은 우리의 소리를
들으시고 응답하시는 줄 믿습니다.
우리가 구하고 찾고 하늘 문을 두드릴 때
주님은 필요한 것을 주시고
우리를 만나 주시며
하늘 문을 열어 주심을 믿습니다.
세상의 모든 길이 막히어도
주님은 우리의 갈 길을 만드시고
세상의 모든 문이 막히어도
주님은 우리가 들어갈 생명의 문
그리고 살아갈 문을 열어 주심을 믿습니다.
우리는 마음이 아파질 때 주님께 부르짖습니다.
우리는 병들어 의지할 것 없을 때에 주님께 부르짖습니다.
우리는 나그네 되어 외로운 길을 갈 때
주님께 부르짖습니다.
우리는 누군가에게 버림을 당하고 등 돌림을 당하며
삶의 변두리로, 주변부로 밀려날 때 주님께 부르짖습니다.

갈 길 몰라 방황하며
잠 못 이루는 고통과 괴로움
억제할 수 없는 슬픔의 파도가 나를 덮칠 때
주님께 부르짖습니다.
믿었던 사람이 배신하고 발등을 찍혔을 때
분노가 솟구쳐 어찌할 수 없을 때에도
주님을 향하여 부르짖습니다.
가장 가까운 사람이 몹쓸 병에 걸리거나
사랑하는 사람이 갑자기 내 곁을 떠날 때에
주님을 향하여 울부짖습니다.
주님은 우리가 곤란 중에 부르짖을 때에
너그럽게 하시며 긍휼히 여기사
우리의 기도를 들으십니다.
우리 모든 인생들은 이제 하나님의 죄악의 길에서
돌아서서 주님을 욕되게 하는 허사를 그만두고
궤휼을 버려야 합니다.

사랑의 주님!
우리가 이제는 떨리는 마음으로 범죄하지 않게 하소서.
자리에 누워서도 심중에 말하고 잠잠케 하소서.

우리의 기도를 응답하시는 주님!
주의 사랑과 은혜로 살게 하소서.
우리 주 예수 그리스도의 이름으로 기도합니다. 아멘.

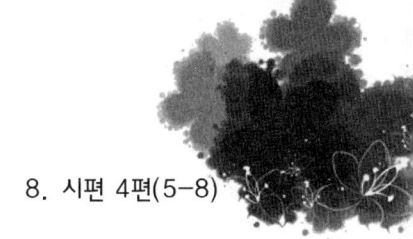

8. 시편 4편(5-8)

주야로 돌보시는 주님

현대에 사는 우리는 수많은 위험과
사고에 노출되어 있습니다.
낮과 밤을 가리지 않고
편리한 생활의 도구가 있는 반면에
더 많은 위험과 사고가 우리를 둘러싸고 있습니다.
우리 자신이 조심하고 스스로 자신을 보호하며
지켜가는 일들이 중요하지만
이러한 현실에서 자신을 스스로 지키고
보호하는 것은 너무도 한계가 있습니다.
분단의 상황에서 때로는 핵무기의 위협과
전쟁의 상태가 연출되는 나라와 국가적 형편이
가슴을 조이게 하지만
이에 못지않게 자동차와 항공 그리고 바다에서
여러 가지 사고의 위험에 놓여 있습니다.
따라서 우리는 주님을 의지하지 않을 수 없습니다.

생사 화복을 주관하시는 주님!
주님께 우리 삶을 맡깁니다.

우리의 자고 눕고 걷는 것
우리가 가진 모든 소유와 함께 평안히 거하기를 바랍니다.
우리가 바른 예배와 제사를 드리고
주님을 전적으로 의지하기를 기도합니다.
우리 자신의 일부분이 아니라
우리의 모든 문제와
삶의 전부를 주님께 맡기며 의지합니다.
매일 매순간 주님의 얼굴을 뵈옵기를 바라고
주님의 선한 일을 보고자 합니다.
우리가 사용하는 삶의 도구뿐 아니라
모든 질병과 악의 세력에서
주님의 보호하심과 지켜주심을 바라옵니다.

생명의 주님!
우리가 먹고 마시는 음식보다
우리가 입고 사는 의복과 거주하는 집보다
내 마음속에 계신 주님을 인하여 기쁨이 샘솟고
그 즐거움이 새 포도주의 풍성함보다 더하게 하옵소서.
내가 평안히 눕고 잘 때에도
나를 안전히 거하게 하시는 주님
그분은 오직 주님이십니다.
주님! 우리 모두를 주 안에서
주야로 평안히 눕고 자게 하소서.
예수 그리스도의 이름으로 기도합니다. 아멘.

9. 시편 5편(1-2)

내가 주께 기도하나이다

아침에 일어나 생명 있음을 감사하며 기도드립니다.
집을 나서기 전 주님께 하루를 부탁하며 기도드립니다.
나의 안전과 가족의 무사함을 기도드리며
이웃과 사랑을 나누며 살기를 기도하고
이 사회와 민족이 주님의 뜻에 합당하고 거룩한
세상이 되도록 기도드립니다.
직장과 일터에서 서로 이해하며
배려와 관용이 있기를 기도하고
기쁘고 즐거운 하루가 되기를 기도합니다.
피차 이해하고 먼저 양보하며
진심으로 함께하기를 기도하고
정직과 진실로 살기를 기도합니다.
우리의 자녀가
하나님이 원하시는 길과 진리와 생명의 길을 가기를 기도하며
무엇을 먹을까 마실까 입을까를 위해서가 아니라
먼저 하나님의 나라와 의를 이룰 수 있기를 기도드립니다.
이 땅에 전쟁과 싸움
재난과 재해가 없기를 기도하며

사람과 사람, 사람과 자연
나라와 나라들이 서로 공존하며
더불어 사는 진정한 평화가 있기를 기도드립니다.
가정이 바로 서고
주님의 몸인 교회가 보이는 건물과 예배당이 아니라
우리의 마음과 몸이 주님이 거하실
거룩한 성전이 되기를 기도드립니다.
우리의 자녀들이 배우는 교육의 장이 바른 사람이 되는 교육
하나님께 영광을 돌리는 교육
이웃과 사회
나라와 민족 전 세계의 평화를 만들어 가는
진정한 평화의 일꾼이 되기를 기도드립니다.
탐욕과 소유의 존재가 아니라
함께 나누며 더불어 사는 참 사람이 되는
참 존재가 되어 살기를 기도드립니다.
우리의 자녀가 하나님을 경외하며
하나님 앞에서 떨리고 두려운 마음으로
살기를 기도드립니다.
늘 주님의 말씀을 주야로 묵상하고 가슴에 새기며
그 말씀을 삶에서 행동하고 실천하며
살 수 있기를 기도드립니다.
잘못된 일은 주님께 철저히 회개하고 돌이키며
다시는 동일한 죄를 짓지 않기를 기도드립니다.
술과 담배 그리고 도박과 마약을 멀리하고

진정한 사랑은 하되 넘치는 쾌락에 빠지지 않는
건전한 도덕과 윤리 그리고 인간의 도리가 상존하는
사회가 되기를 기도드립니다.
상처 받은 자의 상처가 아물고
병든 자가 치유되며
악귀에 시달리는 자가 해방되어
주님이 주시는 진리의 자유 안에 거하게 되며
맑은 정신과 밝음, 주님의 생명의 영으로 살기를 기도드립니다.
우리에게 주어진 생명의 시간을 잘 관리하고 지키며
하나님의 영광을 위해서 사는
삶의 목적과 그 목적에 부합하는 진정한 목표를 확실히 하고
세월을 허비하거나 낭비하지 않는 삶을 살기를 기도드립니다.

사랑과 생명의 주님!
나의 말에 귀를 기울이시고
이 종의 심사에 귀를 기울이소서.
나의 왕, 나의 하나님이여
나의 부르짖는 소리를 들으소서.
내가 주께 기도하나이다.
아침과 저녁, 일어설 때나 잠이 들 때도
그리고 매 순간 쉬지 않고 기도하기를 원합니다.
예수 그리스도의 이름으로 기도합니다. 아멘.

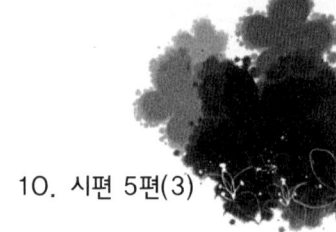

10. 시편 5편(3)

아침(새벽)에 드리는 기도

생명의 주님!
아침에 눈을 뜨며 성전을 향하여 나아갑니다.
먼저 주님의 얼굴 뵈려고 성전에 나아갑니다.
내 마음과 몸이 주님이 거하실 거룩한 성전이 되기를
바라며 나아갑니다.
세속의 물이 들지 않은 고요한 시간
아직 숲 속의 새들도 노래하지 않고
들풀도 이슬이 마르지 않은 시간
뭇 사람들은 아직도 깊이 잠든 시간에
주님을 뵈려고 성전에 나아갑니다.
주님도 이른 아침 한적한 곳에서
때로는 빈들 광야에서
그리고 십자가 지시기 전
겟세마네 언덕에서
땀방울이 핏방울이 되도록
기름을 짜듯 기도하셨습니다.
그 주님을 만나려고 아침에 기도드립니다.
제가 있는 곳이 주님 거하실 거룩한 곳이 되도록 기도드립니다.

세상 모든 것을 보고 듣고 만나기 전
주님께 먼저 내 자신과 가정과 자녀들과
민족과 나라와 밝은 사회가 되도록
그리고 모든 문제를 말씀드리려고
아침에 깨어 기도드립니다.
나와 세상을 위해 일하기 전
주님이 허락한 첫 시간을 위하여
이른 아침 주님께 기도드립니다.
복잡한 세상만사로 인하여
마음이 흔들리고
부서지고 깨어진 심령이 아니라
썩어질 모든 것을 뒤로하고
정갈하고 신실한 마음으로 주님께 기도드립니다.
주님은 어느 때나 어디서나
신령과 진정으로 드리는 모든 기도를 들으시지만
특히 이른 아침 기도를 들어 주심을 믿고 기도드립니다.
이 아침 내가 드리는 기도를 들으소서.
이 아침 주께 기도하고 모든 것을 바랍니다.
우리의 기도를 들으시고 영광을 받으소서!
예수 그리스도의 이름으로 기도드립니다. 아멘.

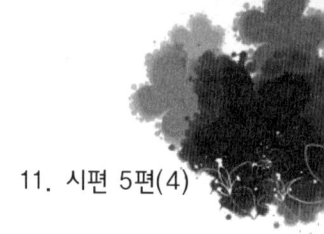

11. 시편 5편(4)

주님은 죄악을 기뻐하지 않으신다

사랑의 주님!
이 땅에서 사는 우리는
너무도 많은 죄악에 노출되어 있습니다.
돈과 물질 그리고 맘몬이 우상이 되어
모든 것을 지배하는 세상입니다.
사람답게 살려는 참 가치와 도리, 윤리와 도덕은
이 물질과 맘몬의 우상 앞에 맥없이 무너지고 맙니다.
고상하고 아름다운 것들도
돈과 자본의 힘 앞에서 여지없이 넘어지고 맙니다.
우리는 이 만 가지 악이 되는 맘몬의 우상 앞에서 어쩔 줄 모르고
왜소하며 작아 보입니다.
이것을 너무도 뼈저리게 알고 느끼며
경험하는 사람들은 악착같이 돈을 모으고자 합니다.
우리의 한국사회 아니 인류의 역사가
모두 땅 따먹기 혹은 땅 빼앗기의 역사였음을 잘 압니다.
그래서 땅 투기와 부동산 투기가 이 땅에 지금도 횡행하고 있습니다.
땅과 건물을 많이 가지고 있는 자

물질과 돈을 많이 소유한 자만이
이 땅에서 큰 소리를 치고 권세를 누리고 있는 것같이 보입니다.
솔직히 우리는 이것에 대한 유혹을 물리치기 매우 힘듭니다.
교회와 종교 단체 그리고 그리스도인들도
이 유혹을 떨치기가 매우 힘이 든 것 같습니다.
그래서 땅과 부동산, 그리고 맘몬과 물질과 하나님을 겸하여 섬기는
이름만 있는 그리스도인들이 넘쳐납니다.
이뿐 아닙니다. 술 마시는 양이 경제개발 협력국가에서 제 일순이고
존속 살인과 같은 흉악 범죄가 늘고 있으며
도박과 성 범죄가 사회 전 분야에 늘고 있습니다.
인터넷 도박으로 패가망신하며 마약이 성행하고
가정의 해체가 늘고 있습니다.

생명의 주님!
주님은 결단코 죄악을 기뻐하지 않으십니다.
좋은 전통과 미덕의 가치가 무력화되고
모두가 거대한 죄악의 흙탕물에 떠내려갑니다.
우리의 가정에
우리의 직장에
우리의 사회에
맘몬과 물질의 주인이 아니라
주님이 주인이 되시어
우리의 삶을 온전히 주관하여 주시고
다스려 주옵소서.

생명의 주님!
악이 주와 함께 거하지 못하는 것처럼
악이 우리에게서 떠나게 하소서.
예수 그리스도의 이름으로 기도합니다. 아멘.

12. 시편 5편(5)

겸손한 자가 되게 하소서

역사를 주관하시고 사람의 생사 화복을
주장하시는 주님!
이 세상에는 물질과 권력과 교권의 권세를 가지고
거드름을 피우며 오만한 자들이 넘실대고 있습니다.
마치 자신들이 소유하고 있는 것이
천만년 자기와 함께할 것처럼 말입니다.
기가 막힌 착각과 환상 속에서 살고 있습니다.
그들의 오만과 자만 때문에
힘없고 가난한 과부와 고아와 나그네들이 더 피폐하고
고달픈 삶을 살고 있습니다.
이것은 결코 주님이 원하시는 뜻이 아닙니다.
우리가 가진 모든 것
우리가 소유하고 사용하는 모든 것은
다 주님의 것이오며
우리의 가정
우리의 생명
우리의 자녀
우리가 가진 권력과 명예

그리고 물질이 다 주님의 것임을 알게 하소서.
주님이 거두어 가시면
모든 것이 티끌과 먼지만도 못함을 알게 하소서.

생명의 주님!
우리의 오만과 자만을 거두어 주시고
우리의 주인이 주님인 줄 알게 하옵소서.
우리는 주 안에서 모든 것을 섬기고 사랑하며
서로 위로하고 격려하며 불쌍히 여기게 하소서.
인생은 한낱 풀과 같으며 시드는 꽃과 같음을 알게 하시어
주 안에서 늘 겸손하고 섬김과 봉사의 사람이 되게 하소서.
주와 세상을 향한 섬기는 자 되게 하소서.
예수 그리스도의 이름으로 기도합니다. 아멘.

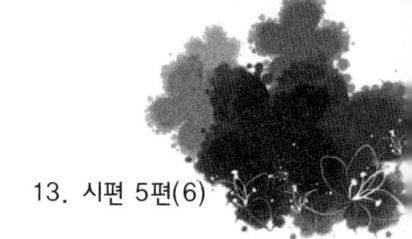

13. 시편 5편(6)

진실한 자가 되게 하소서

진리와 진실의 하나님!
오늘 우리가 사는 세상은 거짓이 홍수를 이루고 있습니다.
작은 약속을 지키지 못하고
빈 공약이 난무하며 신의를 저버리기 일쑤입니다.
주님과 믿음의 약속을 헌신짝처럼 폐기처분하는가 하면
친구와 동료의 약속을 어기는 것을
다반사로 하고 있습니다.
고용주와 고용자가 약속을 파기하고
정부와 국민 간의 약속이 물거품이 되고
스승과 제자의 약속이 무너지며
부부의 백년가약이
무너지기 일쑤입니다.
원칙을 말하며 원칙을 어기고
믿음과 신뢰를 말하며
이것들을 무너뜨립니다.
중심이 없습니다.
기둥이 없습니다.
절대자가 없습니다.

믿음과 신실함이 없습니다.
돈만 된다면
거짓말을 하는 것은 죄가 되지 않습니다.
가치와 윤리나 도덕은 무의미한 것입니다.
하나님의 질서는 없고
스스로 약속한 것들도 지키지 않습니다.
'생각하는 갈대'가 아니라
생각 없는 갈대가 되었습니다.
주님은 진실한 하나님이십니다.
주님은 거짓을 첫째로 싫어하시고
둘째도 싫어하십니다.
주님은 거짓말하는 자를 멸하십니다.
주님은 피 흘리기를 즐기고 속이는 자를 싫어하십니다.

진실의 주님!
우리가 거짓을 버리고 진실의 기둥을 세우며
진리를 회복하게 하옵소서.
우리의 가정과 사회가
우리의 일터와 나라가
그리고 우리가 사는 모든 곳에서 거짓이 사라지고
진리의 생명의 터가 이루어지게 하소서.
"정직이 최선의 정책이다"라고 하였습니다.
이 세상과 우리의 가정이
이 나라와 우리의 일터가

정직한 삶의 장소가 되게 하소서.
그리하여 서로 불신으로
의심의 눈초리로 사는 것이 아니라
서로 신뢰하고
믿고 의지하며 살 수 있는 주님의 나라를 이루게 하소서.
예수 그리스도의 이름으로 기도합니다. 아멘.

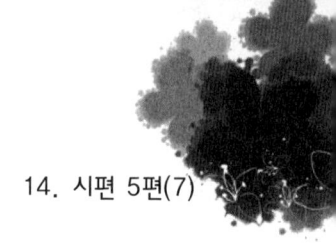

14. 시편 5편(7)

주를 경외하게 하소서

사랑의 주님!
오늘 우리의 삶의 현장에서
하나의 어려움은 서로 존중하지 못하는 태도입니다.
전통적인 가치와 윤리 도덕이 무너져 내리고
윗사람을 존경하고 아랫사람을 사랑하는
좋은 관계가 허물어져 내렸습니다.
부모와 자녀, 스승과 제자,
어른과 젊은이들 간에 서구의 문화와
문화와 삶의 급격한 변화들로 인하여
새로운 문화와 가치가 대신하게 되고
많은 여행과 지구촌 시대,
그리고 너무도 많은 지식과 정보가 과거의 전통만을
고집할 수 없게 되었습니다.
긍정적이고 부정적인 현상들이 우리를 어지럽게 둘러싸고 있습니다.
너무도 많은 가치와 문화들이 유비(類比)되고 혼합되면서
시대와 세대 간의 갈등도 증폭되고 있습니다.
삶의 목적과 가치의 중심이 다양화되면서
단순한 관계가 이해할 수 없을 만큼의 복잡한 사회가 되었습니다.

사랑의 주님!
그러나 우리가 원하는 것 중의 한 가지는
주님을 공경하고 두려워하는 마음을 갖기를 원합니다.
우리가 땅의 것만 바라볼 것이 아니라
위의 것을 찾고 보이지 않지만
하늘이 살아 있음을 알게 하옵소서.
사람에게 주어진 이성과 과학을 무시하는 것이 아니라
그 이성과 과학, 땅과 만물의 주인이 주님이심을 알게 하옵소서.
땅의 질서만이 아니라
하늘의 질서가 있음을 알게 하옵시며
땅의 지배와 힘만이 아니라
하늘의 섭리와 운행의 원리가 있음을 알게 하옵소서.
사람이 생각하는 경영의 방식만이 아니라
하늘의 경영 방식이 있음을 알게 하옵소서.
사람들의 지식과 지혜, 경험만이 아니라
하늘이 원하는 지식과 지혜 그리고 뜻이 있는 것을 알게 하옵소서.
사람의 생각이 절대가 아니라
하늘이 만든 섭리와 절대적 원칙이 있음을 알고
하늘에 역천하는 삶이 아니라
하늘에 순천하는 순종의 삶을 살게 하옵소서.
사랑과 용서가 있지만
죄에 대한 심판의 두려움도 알게 하옵소서.
땅에 있는 성전을 향하여 나아가는 것도 중요하지만
마침내 영원한 하늘 성전을 향하여 가는 저희 되게 하옵소서.

사랑의 주님!
주님에 대해 공경하는 마음과 두려워하는 마음을
우리의 자녀들이
권력자들이 공직자들이
그리고 기업가들이
그리고 힘을 가진 자들이 알게 하시고
저들이
백성과 국민들을 섬기며 봉사하고,
위하여 헌신하는 자들 되게 하옵소서.
우리 주 예수 그리스도의 이름으로 기도합니다. 아멘.

15. 시편 6편(1-10)

주님의 분을 내게서 거두소서

사랑의 주님!
우리는 살면서 수많은 죄와 허물로 인하여
주님의 분노를 살 만한 일들이 너무도 많습니다.
주님의 징계와 책망을 받을 만한 일이 너무도 많습니다.
어렸을 적 씨알 들지 않은 감자를 뽑아서 버린 일
누렇게 익은 참외 밭에 가서 서리한 일
너무도 먹고 싶은 수박 밭에서 수박을 깨 먹은 일
학교에 다녀오다
너무 배가 고파서
고구마 밭에서 고구마를 캐어
잔디에 닦아서 입술이 까맣게 먹은 일
어린 호박을 발로 차서 떨어지게 한 일
엿이 너무 먹고 싶어
멀쩡한 양푼과 냄비를 쭈그려트려 사 먹은 일
산업 현장에서 일하며
월급을 제대로 주지 않은 사장에게 분노한 일
객지 생활에 병들어 죽게 되어
세상을 원망하고 절망에 빠진 일

시회 구조 악을 알고 난 후
끓어오르는 분노로 역사를 저주한 일 등
분노와 허물로 인하여
심령이 상하고
악을 생각한 일들이 너무도 많습니다.
병들고 멀리 떨어진 가족을 그리워하며
밤을 지새며 잠 못 이루는 날들로 인하여
마음이 아프고
뼈까지 상한 일들이 너무도 많습니다.
만일 주님께서
이러한 죄와 허물로 인하여 분을 발하시면
저는 감당할 수 없습니다.
가족과 긴 시간을 헤어져 사는 일
어머니에게 목회를 한답시고
평생을 한 번도 효도다운 효도 한 번을 못하고 돌아가신 일
형제들을 살피지 못한 일
하나님의 일을 핑계 삼아
아내와 가족의 헌신과 희생을 강요한 일
의를 내세워 남을 정죄한 일 등
그 많은 죄와 허물로 주께서 분을 발하시면
저는 설 자리가 없습니다.
이웃을 사랑한다 하면서도 내 몸같이 사랑하지 못한 일
자녀들을 하나님의 뜻에 합당하고 거룩하게
양육하지 못한 일

내 작은 정의감으로 수많은 정죄를 한 일들로
주가 분을 발하시면 감당할 길 없습니다.

주님!
이런저런 일들로
저의 몸과 영혼이 수척하고
나의 뼈가 떨리오며
나의 영혼도 심히 떨리옵니다.
하나님이여 돌아와 이 영혼을 건지시며
주의 인자하심으로 나를 구원하소서.
죽음 가운데서는 주를 기억할 자 없습니다.
음부에서는 주께 감사할 자도 없습니다.
내가 마음이 상하고
심령이 상하여
밤마다 탄식하며 곤핍하여
눈물로 침상을 적시고 나의 이불을 적시옵니다.
내 눈은 근심으로 쇠하여지며
내 모든 대적들로 어두워져 갑니다.

사랑의 주님!
행악하는 자들이 나를 떠나게 하시고
나의 통곡의 소리를 들어 주소서.

사랑의 주님!

나의 간구를 들어 주시오니 참으로 감사합니다.
주님께서는 나의 기도를 받으시고
응답하시는 줄 알고 감사를 드립니다.
나의 허물과 죄를 진실한 회개로
용서하시고 받아 주심을 감사드립니다.
세상과 모든 자가 나를 치려 하고
나를 대적하여도
주님은 나의 기도를 들으시고
사랑으로 받아 주시는 것을 진실로 감사드립니다.
모든 원수가 오히려 부끄러움을 당하고
심히 떨며 물러가게 하심을 진실로 감사드립니다.
주님은 진실로 크고 광대하십니다.
주님은 진실로 용서를 비는 자에게
하해와 같은 사랑으로 받아 주십니다.
주님이 함께 계심을 진심으로 감사드리며 찬양드립니다.
주여, 영광과 존귀를 세세토록 받으옵소서!
예수 그리스도의 이름으로 기도합니다. 아멘.

16. 시편 5편(8-12)

신뢰할 수 있게 하옵소서

신실하신 주님!
많은 사람들이 서로를 믿을 수 없다고 말합니다.
나라의 지도자도 믿을 수 없고
국가의 공직자도 신뢰할 수 없으며
친구도 동료도 믿을 수 없다고 합니다.
우리는 주님이 주시는 말로 할 수 없는 은혜를 받고 살고 있습니다.
일제의 식민지와 민족상잔의 6·25와
4·19와 5·18 등
수많은 정치적 수난과 불안
그리고 사회적 갈등과 불화를 경험하며 살고 있습니다.
그럼에도 불구하고 민족의 암울한 시대부터
전쟁과 가난의 폐허
독재와 사회적 갈등이 첨예화된 상황 속에서도
주님께서 베푸신 은혜는 말로 다 할 수 없습니다.
경제적 위기로 인하여 가정이 해체되는
아픔을 겪으면서도 주님을 생각하며
삶의 위기와 재난을 극복하는
은혜를 받고 있음을 감사드립니다.

이제 이 나라는 세계 13~15위의 경제 대국을 살게 되었습니다.
개신교 선교 역사상 전무한 놀라운 교회 부흥과
선교의 부를 갖게 되어
세계 두 번째의 선교 수출국이 되었습니다.
그러나 저출산, 급격한 고령화, 양극화의 현실은
경제 개발 협력국, 노인과 청년 학생 자살 1위의 오명과
행복 지수 꼴찌를 살고 있습니다.
분단 64년의 민족 현실로 인한 남북한의 긴장과 핵과 전쟁의 위협
속에서 서로 믿을 수 없는 전쟁의 상태에 살고 있고
저출산의 문제가 있지만 교회와 선교는 매우 약화되고 있으며
그리스도인에 대한 사회적 신뢰도는 심히 추락한 상태에 있습니다.
우리는 정말 기도해야 합니다.
기도의 불꽃이 타올라야 합니다.
잘못은 겸손한 마음으로 철저히 회개하고
다시금 믿음의 첫사랑을 회복하여
세상의 소금과 빛이 되어야 합니다.
교회가 세상의 개혁 대상이 아니라
우리가 세상을 주님의 빛으로 인도하는 성령의 사람들, 말씀의 사람들,
기도의 사람들이 되어야 합니다.

사랑의 주님!
우리의 원수가 밖에 있는 것이 아니라
우리 내부에 있는 것을 살피게 하시고
우리를 주의 의로 인도하시며

주의 길을 내 목전에서 바르게 하옵소서.
우리의 말과 행실을 신실하게 하시고
우리가 입을 열면 절망과 좌절에서 죽음으로 가는
생명들을 살리는 주의 말씀을 선포하게 하옵소서.
목구멍이 열린 무덤이 아니라
썩을 것들을 위하여 진리와 진실을 버리고
아첨하는 자가 아니라
하나님의 말씀을 담대하게 전하는 저희 되게 하옵소서.
악인의 꾀와 우리의 허물에 빠지지 않게 하시고
주님을 배역하지 않게 하옵소서.
오직 주님께 피하는 삶을 살게 하시고
주님의 보호 받는 은혜를 기뻐 외치게 하옵시며
주의 이름을 사랑하는 자들을 즐거워하고
주님이 의인에게 주시는 복을 받게 하시며
주의 은혜와 방패로 호위를 받으며 살게 하옵소서.
우리 주 예수 그리스도의 이름으로 기도합니다. 아멘.

17. 시편 7편(1-8)

나를 돌아보게 하소서

동양의 공자도 하루에 세 번씩
자신에 대한 성찰이 필요하다 하였습니다.
모든 것이 바쁜 현대인들은 자신을 돌아볼 겨를이 없이
일에 미쳐 있습니다.
부부가 열심히 일하여도
비싼 자녀들의 사교육비를 감당하기 어렵고
수많은 집들을 짓지만
편안히 거처할 내 집 마련은 어려운 처지입니다.
대기업은 더 부자가 되고
고위 공직자들은 매년 재산이 올라가지만
대형 마트에 골목 시장을 빼앗기고
IMF와 국제 경제 위기에서 부도나고 명예퇴직을 당하여
쪽방촌에 사는 사람들과 해체된 가정들, 서민들,
직장에서 해고된 노동자와 그 가족들
똑같이 일하여도 차별된 대가를 받으며 살아가는
비정규직 근로자들, 재개발은 되지만
삶의 보금자리에서 쫓겨나는 사람들
복지를 강조하고 있지만

복지의 사각지대에서 사는 민중들
권력과 경제와 사회 문화 교육 등
삶의 중심에서 변두리로 밀려나는 사람들은
정말 자신들을 돌아볼 겨를이 없습니다.

생명의 주님!
그럼에도 불구하고 나 자신과 우리를
돌아볼 수 있는 시간을 주옵소서.
바쁘고 틈새가 없는 중에도
주님의 말씀과 성령의 인도를 따라 살게 하시고
주님께 기도하게 하시며
주 안에서 나를 성찰할 수 있는 지혜와
믿음을 주옵소서.
지금은 고인이 되신 저의 교수님께서
6·25 민족전쟁이 한참 진행 중이던 부산 피난 시절에
총알이 비 오듯 쏟아지는 거리에 앉아
사과 궤짝 위에서도 성경을 펼쳐 읽는 모습을
보던 다른 선배 어른께서
"이 사람아 총알은 피하고 봐야지"라고 하자
그래도 성경을 읽는 것은 중단할 수 없다면서
더 열심히 읽었다는 일화가 있습니다.

생명의 주님!
나는 항상 주님 품 안에 있기를 원하옵니다.

사방에서 우는 사자와 같이
나를 찢고자 하는 자들이 있지만
피난처 되시는 주님께 피하옵니다.
세상은 나를 외면하고 모른 체하지만
주님은 나를 그 모든 위험에서
건지심을 믿습니다.

생명의 주여!
내가 죄악을 행한 것이 있다면
꾸짖어 주시고
내 손과 발이 지은 죄를 크게 나무라 주소서
화친한 자를 악으로 갚았거나
원수에게서 무고히 빼앗은 것이 있다면
이 모든 것을 꾸짖어 급히 돌이키게 하옵소서.
내가 만일 내 죄를 회개치 아니하면
당할 고통을 당하게 하시고
영광이 땅에 떨어져도 달갑게 받게 하옵소서.

그러나 하나님!
내가 억울한 일이 있거나
원수들에게 근거 없는 중상모략으로
해를 받은 일이 있거든
그들을 진토에 버리시고 감당할 수 없는 수치를
당케 하옵소서.

원수가 주의 진노를 피할 수 없게 하옵시며
주의 심판을 면치 못하게 하옵소서.
민족들의 모임이 주를 두르게 하시고
그 위 높은 곳에 돌아오게 하소서.
하나님은 만민에게 공평과 정의로
심판을 행하시오며
나의 의와 성실함을 따라
나를 판단하옵소서.
예수 그리스도의 이름으로 기도합니다. 아멘.

18. 시편 7편(9)

우리의 심장을 감찰하소서

생명의 주님!
오늘도 우리에게 심장을 주심을 진실로 감사드립니다.
엄동설한 유난히도 길고 추운 겨울이 가고
만물이 소생하며
고난주간을 보내고
부활의 아침을 기다리게 하시오니
참으로 감사를 드립니다.
주기적인 수축을 통하여 혈액을 몸 전체에 보내는
심장이 있기에 우리는 육신의 생명을 지탱할 수 있습니다.
그러나 또 다른 심장
우리네 속내를 주심에 감사합니다.
겉으로 보기에는 경건의 모양은 있고
거룩의 옷을 입은 것 같지만
우리의 심장 속내는 더러움과 추함과
탐욕과 욕심으로 가득 찬 것을 자주 보게 됩니다.
이중 얼굴과 이중 인격이 아니라
천의 얼굴과 천의 인격으로 사는
우리의 모습을 보고 참으로 놀라울 때가 허다합니다.

제사장과 백성이 다 한가지로 거짓과 죄악에 물들어
하나님과 역사와 백성과 자신을 속이며 사는 것을 봅니다.
사도 바울처럼 예수의 마음과 예수의 심장을 버리고
썩고 더러워진 심장으로
온몸에 맑은 피를 수혈하지 못하고
더러운 피를 뿜어대고 있습니다.
심장이 더럽고 추하니
마음도 영도 더럽고 추하게 됩니다.
하나님을 말하나 입술에 그치고
그리스도의 십자가를 논하지만
십자가의 감격은 사라지고
습관과 형식을 따라
기도하고 예배하며
거짓 제사를 드리고 있습니다.
성직자들은 밥벌이에 연연하고
성도들은 겉모양의 신앙과 믿음을 반복하고 있습니다.
기도의 불이 꺼지고
성령의 불이 소멸되고 있습니다.
예언을 멸시하고
불의와 타협하기를 밥 먹듯이 하고 있습니다.

생명의 주님!
우리의 심장을 살피시고
온몸에 깨끗한 피를 공급하게 하옵소서!

교회 공동체의 심장을 살피시고
그리스도인의 심장을 살피시며
이 나라와 역사
이 국가와 민족의 심장을 살피소서.
우리 가정의 심장을 살피시고
우리 자녀들의 심장을 살피시며
교육의 심장을 살피시고
기업과 노동자들의 심장을 살피소서.
성직자들의 심장을 살피셔서
진실로 주님의 살아 계신 말씀을
역사와 교회 공동체에 선포하게 하시오며
역사를 변화시키고
이 민족의 진정한 평화와 통일을 이루는
심장으로 거듭나게 하옵소서.
보수와 진보의 심장을 살피시고
기득권을 버리며 자신의 오만과 자만을
버리게 하옵소서.

사랑의 주님!
내 자신의 심장을 먼저 정화하여
깨끗한 피를 수혈케 하옵시고
우리 주 예수 그리스도의 마음과
거룩한 피로 채워지게 하옵소서.
예수의 마음

예수의 심장이 되어
길이요 진리요 생명이신
주님의 길 가게 하옵소서.
주님의 이름을 편의대로 이용하고
상품화하지 않도록 하옵시며
두렵고 떨리는 마음으로 살게 하옵소서.
교권을 이용하여 자기 배를 채우고
패를 갈라 욕심을 채우려는 더러운 심장을
예수의 심장으로 바꾸어 주옵소서.
권력과 맘몬의 우상에 사로잡혀
진정한 주님의 생명을 살지 못하는 자들의 심장을
고쳐 주시며 바꾸어 주옵소서.
우리의 심장이 주님의 심장 되어
주의 뜻을 이루는 개혁과 혁명의 선구자 되게 하옵소서.

사랑의 주님!
악인의 악을 끊고 의인을 세우소서.
도처에 악인이 횡행하여
주의 백성이 상처받고
병들며 그 영혼이 죽어 가나이다.
악인은 철저히 회개하고 주님께 돌아오게 하시고
의인을 세워 주의 나라가 오게 하옵소서.

사람의 마음과 양심을 감찰하시는 주님!

내 마음에 양심의 불이 꺼지지 않게 하시고
주님의 신실한 믿음 지키게 하옵소서.
예수 그리스도의 이름으로 기도합니다. 아멘.

19. 시편 7편(10)

정직한 자 되게 하옵소서

진리와 진실의 주님!
우리가 사는 세상은 잘나고
똑똑하며
지식이 많은 자들을 원합니다.
머리가 명석하고
일류대학의 상위권자
그리고 돈을 많이 벌고
출세를 할 수 있는 자를
바랍니다.
집안 좋고
돈과 재산 많고
인맥이 튼튼한 자들을 원합니다.
많은 사람들이 공무원과 고위 공직자
재벌들, 그와 유사한 사람들과 인연을 맺고자 합니다.
검사나 판사 아니면 변호사
그것도 아니면 장차관, 금융기관 종사자
그것도 아니면 돈을 벌 수 있는 노른자 직책의 소유자를 원합니다.
우리나라 어디든 비리와 부정부패가

없는 곳은 없습니다.
심지어 교육기관과 종교기관
그리스도인들이 모이는 교회 공동체도 예외는 아닙니다.
하늘 아래 새 것이 없고
완전한 것이 없기는 하지만
상식이 통하지 않을 만큼 정직이 자리할 곳은 없습니다.

진실의 주님!
우리가 허물과 죄를 지을 만큼 부족하고 연약하지만
그래도 정직한 그리스도인이 되기를 원합니다.
가정에서
그리고 사회에서
직장과 일터에서
그리고 교회 안에서 말입니다.
정직한 관계
주님이 원하시는 관계를 맺으며 정직하게 살기를
바랍니다.
정직하게 살려면 기도밖에는 없습니다.
정직하게 살려면 말씀과 성령의 능력 외에는 없습니다.
우리가 정직하게 살지 못하는 것은 우리 안에
주님이 계시지 않기 때문입니다.
형식적 예배와 형식적 기도와 형식적 경건만이 있기 때문입니다.
한마디로 주님에게서 부름 받은 소명의식이 없는 것입니다.
성장 제일의 자본주의 논리에 매몰되어서 외적 성장은 하고

땅에 재물의 바벨탑은 높여갔지만
하늘에 숨겨진 보물은 허술하게 쌓은 결과입니다.

살아 계신 주님!
우리의 껍데기는 가고
정직의 진실만 남게 하소서.
거짓과 허위
위선은 불태워지고
진실과 신령의 믿음만 남게 하소서.
예수 그리스도의 이름으로 기도합니다. 아멘.

20. 시편 7편(11)

의로우신 재판장님

정의의 하나님!
오늘날 우리가 사는 세상에는 억울한 자가 너무 많습니다.
특히 이 대한민국에서 힘없고 권력의 인맥이 없고
돈이 없는 가난한 자들은 늘 돈 많고 힘 있는 권력자들
재벌들 그리고 인맥이 튼튼한 자들에게
억울한 일을 당하기 일쑤입니다.
주님은 공의와 정의가 강물같이 흐르게 하라고 말씀하십니다.
저울추가 불의한 힘에 의하여
한쪽으로 치우치기를 원하지 않습니다.
그럼에도 불구하고
이 나라는 한때는 경찰 공화국이
지금은 검찰 공화국이 되어
유전무죄 무전유죄의 삶을 살고 있습니다.
돈 있는 자는 죄가 없고
돈 없는 자는 죄가 있게 됩니다.
약한 자가 억울한 일을 당해도 호소할 길이 없습니다.
힘없는 자가 슬픈 일을 당해도 털어 놓을 수가 없습니다.

사랑과 정의의 주님!
주님은 오래전부터 과부와 고아와 나그네를
보호하고 위로하며 푸른 초장 맑은 시냇가로 인도하는
자비와 인자의 주님이십니다.
상한 갈대도 꺾지 않고
꺼져 가는 등불도 끄지 않는 사랑의 주님이십니다.
그러나 이 땅의 권세자들은
모든 것을 힘으로 밀어부치며
약자의 권리를 박탈하려 합니다.
정의가 바로 서고
바르고 옳게 사는 것이 부끄럽지 않게 하옵소서.
사람들의 마음이 주님을 두려워하고
주님 앞에서 떨며 경외하는 마음을 갖지 않고는
결코 바르게 살 수 없습니다.
사람의 생각으로는 무엇이든지 할 수 있다고 생각합니다.
하나님이 없다거나
하나님은 보이지 않다거나
하나님은 어떤 죄악도 용서하신다고 말합니다.
그러므로 어떤 악한 죄를 저질러도
용서를 구하고 적당히 죄를 고백하고 회개하면
문제없다고 생각합니다.
한마디로 죄에 대한 의식이
모두 사라졌습니다.
사람의 생명을 살상하고도 변명합니다.

한 사람의 일생을 무너지게 하고도
아무렇지 않게 생각합니다.

생명의 주님!
이 땅에 한 사람의 억울한 자도 없게 하옵소서.
권력과 자본의 힘에 억압받는 자 없게 하옵시고
저들의 삶이 주변과 변두리에서 소멸되지 않게 하옵소서.
불의한 검사와
불의한 재판관
판검사에 기생하는 변호사들 없게 하옵시고
모두 하나님 두려운 줄 알며
정의와 공의가 실현되는 법 집행자 되게 하옵소서.
한 번의 오판으로 일생을 가슴 찢는 일 없게 하옵소서.
우리 주 예수 그리스도의 이름으로 기도합니다. 아멘.

21. 시편 7편(12-17)

회개치 아니하면

사랑의 주님!
예수께서 요단 강에서 세례 요한에게
세례를 받으시고 물에서 올라오실새
하늘이 열리고
성령이 비둘기같이 자기에게 내려오심을 보았습니다.
그리고 하늘의 음성을 들었습니다.
너는 내 사랑하는 아들이라
내가 너를 기뻐하노라(막 1:9-11)
다음에 성령은 예수를 광야 빈들로 몰아내셨습니다.
그는 광야에서 40일을 계시며
사탄에게 시험을 받고 들짐승과 함께 계셨으며
그러한 예수를 천사들이 받들었습니다.
세례 요한이 잡힌 후에
갈릴리에 오신 예수는
첫 복음을 선포하십니다.
때가 찼고 하나님 나라가 가까웠으니
회개하고 복음을 믿으라(막 1:15)
세례 요한도 광야에서 회개의 세례를 촉구하셨습니다.

그런데 예수의 첫 복음 선포가 회개의 복음입니다.
회개는 무엇입니까?
헬라어 메타노이아,
그것은 영어의 컨페션(confession)과 컨벌전(conversion)입니다.
그 뜻은 죄의 고백과 변화, 전환, 돌아섬, 개심의 뜻입니다.
회개는 나의 죄를 하나도 빠짐없이
주님께 고백하는 것입니다.
죄를 샅샅이 고백할 뿐 아니라
내가 지금까지 걸어온 길과 잘못된 삶
하나님이 원치 않는 모든 길에서
백팔십도 돌아서는 것입니다.
회개는 완전한 삶의 방향 전환입니다.
죄의 고백은 오십 퍼센트이고
나머지 방향 전환이 오십 퍼센트입니다.
우리의 삶의 방식과 생각
그리고 말과 행동, 실천의 모습을
완전히 바꾸는 것입니다.
우리는 회개해야 합니다.
이것이 우리 신앙의 첫걸음입니다.
이것 없는 믿음 생활은
거짓입니다.
회개는 한 번의 회개가 아니라
매일, 그리고 매 순간 해야 합니다.
그렇지 아니하면 우리는

연약하여 세속에 물들고
그 흙탕물에 빠져 죽음에 처할 수밖에 없습니다.

사랑의 주님!
우리에게 철저한 회개의 영을 주시옵소서.
회개는 우리가 주님 품에 안기는 첫 번째 일입니다.
회개는 우리의 믿음이 사는 문을 여는 것입니다.
회개는 우리의 영이 사는 길을 가는 길입니다.
우리가 회개를 통하여 주님의 품에 거할 수 있게 하옵소서.
우리가 회개를 통하여 믿음이 다시 살게 하옵소서.
우리가 회개를 통하여 더러워진 영이 살게 하옵소서.
회개를 통하여 경건의 내용이 풍성해지게 하옵시고
회개를 통하여 가정과 교회와 이 역사와 사회
그리고 우리 자녀와 말와 민족이 사는 생명의 바람
성령의 바람이 불게 하옵소서.
회개를 통하여 다시 기도의 불길이 타오르게 하옵시고
이 강산에 주님의 교회가 진정한
부흥이 불타오르게 하옵소서.
회개를 통하여 병이 치유되고
상처가 아물며
더러운 악귀와 세력이 소멸되게 하옵소서.
회개를 통하여 하나님의 지식이 풍성케 하옵시며
은혜 위에 은혜를 덧입게 하옵소서.
회개를 통하여 모든 교만과

내 속에 있는 바벨탑을 무너뜨리게 하옵시며
섬김과 겸손과 봉사의 그리스도인
낮은 자를 사랑하고
그들과 함께하는 그리스도인 되게 하옵소서.
회개는 우리가 살 길입니다.
하나님을 멀리하고
주님의 마음 아프게 하며
이웃과 불화하고
이기적 욕심을 세운 모든 것을 내려놓게 하옵소서.
우리가 빈 몸으로 와서
주의 은혜로 살게 되었으니
주님의 십자가 감격과 믿음으로 살게 하옵소서.
탐욕과 소유의 마음을 비우고 또 비워서
가벼운 마음으로 천국을 향하여 가게 하옵소서.
우리가
우리의 가정이
우리의 교회가
이 나라와 사회가
회개의 능력을 상실하였다면
성령을 통하여
회개의 능력을 부어 주옵소서.
우리의 불신앙을 회개하고
우리의 자만을 회개하게 하옵소서.
알고 모르고 지은 죄

헤아릴 수 없는 모든 죄를
빠짐없이 회개케 하옵소서.

생명의 주님!
자비와 은혜를 내리시사
주님의 온전한 분량을 채워가게 하옵소서.
하나님은 회개하지 않는 자들을 향하여
그의 칼을 가시며
활을 이미 당기어 예비하셨습니다.
오 우리 모두가 회개함으로
주님의 칼을 피하고
주의 예비한 활을 비켜가게 하옵소서.
죽일 도구를 예비하시며 주가 만든 화살은 불화살들입니다.
악인은 죄악을 낳고
재앙을 배어 거짓을 낳습니다.
그가 웅덩이를 파서 만들고 그 악인이
스스로 만든 함정에 빠져갑니다.
그의 재앙은 자기 머리로 돌아가고
그의 포악은 자기 정수리에 내릴 것입니다.

사랑의 주님!
내가 여호와께 그의 의를 따라
감사드리며 지존하신 하나님의 이름을 찬양합니다.
우리 주 예수 그리스도의 이름으로 비옵니다. 아멘.

22. 시편 8편(1)

아름다운 주님의 이름

사랑의 주님!
이 세상에는 너무도 많은 이름들이 있습니다.
주님이 지으신 우주 만물의 이름은 헤아릴 수 없을 정도입니다.
주께서 지으시고 창조하신 만물은
너무도 아름답고 황홀하기까지 합니다.
밤에 하늘을 수놓는 은하수를 바라보노라면
이 각박한 세상에서 끝없이 상상의 나래를 펴고 꿈을 꾸게 합니다.
철을 따라 산과 들에 피는 꽃들 하며
숲을 이루는 이름 모를 수많은 나무들과 새들 곤충들
계곡을 흐르는 맑은 물
그리고 그 계곡을 따라 있는 바위들
그리고 이따금씩 나뭇가지를 춤추며 흔들어 대는 바람들
이른 아침에 산 아래와 바다 끝에서
떠오르는 붉은 태양과
서산을 넘어가는 햇빛 때문에
보랏빛으로 물들어 가는
노을은 너무도 아름다워

내 몸과 혼이 빨려 들어갑니다.

생명의 주님!
주님이 지으신 세계는 진실로 아름답습니다.
이 세상에 주님의 것이 아름답지 않은 것은 하나도 없습니다.
특별히 하나님의 형상을 닮아 지으신 사람들
그것도 아담이 독처하는 모습이 너무도 보시기 안타까워
그 갈비뼈로 하와를 지으셔서
한 몸 한 가정을 이루게 하시고
번영하고 창대케 하시어 살도록 하신 주님의 사랑
너무도 아름답고 아름답습니다.
그러나 이러한 사랑을 등지고 사는 사람들의
모습은 너무도 추하기 짝이 없습니다.
탐욕과 욕심 욕망과 쾌락에 빠지고
맘몬과 물질의 우상에 갇혀서
주님의 아름다운 세상을 보지 못합니다.
모든 것을 돈으로 환산하고 계산합니다.
심지어는 삶의 생명도 물질과 돈으로 치부하기 일쑤입니다.
주님의 아름다운 자연을 마구잡이식으로
또는 돈과 탐욕을 채우는 공간으로 생각하고
훼손하고 파헤치고 오염되며 썩게 만들었습니다.
다시는 재생할 수 없을 만큼 땅속 깊이
그리고 바다 깊이 더러워졌습니다.
언제가는 공존하던 자연이 제 기능을 못하게 되어

사람들이 살 수 있는 모든 것들이 한꺼번에 사라질 수도 있습니다.
핵의 공포와 함께 자연의 생태계가 파괴되어
사람들이 감당하기에는 때 늦은 후회
돌이킬 수 없는 재앙이 모든 것을 덮쳐올 수 있습니다.
북극의 빙하가 다 녹아내리고
해수면이 높아지고
이상 기온으로 수많은 생물의 종들이 사라지고 있습니다.

생명의 주님!
주님의 창조의 아름다움이 지켜질 수 있도록
사람들의 마음을 돌이키게 하시고
회개할 수 있는 능력을 주옵소서!
주님이 원하시는 창조의 질서와 원리가
우리의 마음을 사로잡아
자연과 사람이 공존하는 상생의 삶을 이루게 하옵소서.
주님의 세계가 어찌 그리 아름다운지요?
한 포기의 풀
한 그루의 나무
이름 모를 동물과 곤충들
심지어 보이지 않는 미생물에 이르기까지
사람들과 공존하는 더불어의 삶을 살게 하옵소서.
주님이 원하시던 낙원이 보존되고
보전될 수 있도록 하옵소서.
주님이 이 땅에 다시 오시는 그날까지

아름다운 주의 세계를 찬양케 하옵소서.
세상에 많은 이름들이 있지만
우리를 죄악에서 구원할 예수님의
이름만큼 귀한 이름은 없습니다.
저희 백성을 죄에서 구원할 자
그 이름은 예수 그리스도입니다.
우리가 그 이름을 찬양하고
그 이름 아래 순종하며
그 이름 아래 죄 사함 받고
그 이름으로 구원 받습니다.

사랑의 주님!
주의 아름다운 이름을 찬송하고 또 찬송합니다.
우리 주 예수 그리스도의 이름으로 기도합니다. 아멘.

23. 시편 8편(2-9)

주께서 저를 생각하시며

사랑의 주님!
주님은 어린아이와 같은 저를 사랑하십니다.
늘 어리광을 부리고 칭얼대며 조르며
구하고 찾고 문을 두드리며 귀찮게 하는
저를 잊지 않고 사랑하십니다.
일용할 양식을 구하고
건강을 구하며
아이들과
제가 목회하는 성도들의 삶과
가정과 교회 그리고 이 분단된
전쟁 와중에 있는 민족과 국가와 나라와 사회
나와 함께 하는 동시대인들
오염되고 썩어 가는 자연과 땅
진정한 먹을거리
갈등과 싸움, 전쟁으로 세계를 떠도는 난민들
자연과 인간 재해들에서
각종 사고들에서 보호해 주시고
축복해 주시기를 졸라 대는데도

한 번의 짜증도 없이 들어 주십니다.

생명의 주님!
주님은 젖먹이같이 어린 저를 통하여
창조주의 말씀을 선포하고
감히 대적할 수 없는 원수들과 대적들을
잠잠케 하시는 용기와 담대함을 허락하십니다.
홍해와 갈대 바다를 가르시고
동풍으로 애굽 파라오의 살기등등한 자들을
물속에 수장하신 그 능력으로
역사와 우리의 죄악의 거대한 세력과 싸우시게 합니다.
세속의 악한 세력뿐 아니라
창조주 하나님과
우리를 죄에서 구원하시기 위해 이 땅에 오시고
하나님의 나라를 선포하시며
고난당하시고 십자가에 죽임당하신
주 예수 그리스도의 거룩한 이름을 더럽히고 망령되이
일컫는 거대한 교권에게도 담대하게 주의 말씀을 선포하게 하십니다.
야인으로 혹은 주의 진리 안에서 진정한 자유인으로 살면서
주의 거룩과 경건으로 살며
기도와 감사로 감당할 수 없는 기쁨으로 살게 하십니다.
가진 것 아무 것도 없으나 모든 것을 가졌고
아무도 알아주지 않는 무명이나 유명하며
절망한 자 같으나 예수 그리스도 안에서

영원한 생명과 희망, 부활을 살게 하시니 감사합니다.
저는 어린 아이와 젖먹이같이 연약할지라도
우주 만물을 지으시고
역사와 인간의 생사회복을 주관하시는 주님의
그 크신 능력을 힘입어
죽어도 살고
살아서 영원히 죽지 않는 믿음의 확신과
매순간의 기대를 가지게 하시니 감사합니다.
비록 홀로 있는 시간이 많아도
주님이 함께 계셔서 외롭지 않고
주님의 손가락으로 만드신 주의 하늘과
주의 베풀어 두신 달과 별들을 볼 때마다
사람이 무엇이라고 주께서 저를 생각하시며
인자가 무엇이라고 저를 돌아보시는지
저 같은 부족하고 허물 많은 자를
천사보다 조금 못하게 하시고
영화와 존귀로 관을 씌우시며
주의 손으로 만드신 것을 다스리게 하시어
복을 받게 하시고
만물을 그 발아래 두시어 함께 살게 하시니 감사합니다.
모든 우양과 들짐승
공중의 새와 바다의 어족들 해로에 다니는 것들
이 모든 것으로 하여금
삶의 행복을 구가할 수 있도록 하시니 감사를 드립니다.

하나님! 우리 주여
주님의 창조는 온 땅에 아름다운 빛을 발합니다.
이 만물들이 상하거나 죽거나
우리가 볼 수 없도록 오염되지 않도록 하옵소서.
늘 푸르며
늘 꽃피우며
늘 노래하며 춤출 수 있게 하옵소서.
이 아름다운 주님의 창조와 함께
사람들이 함께 살며
함께 번영하게 하옵소서.
우리 주 예수 그리스도의 이름으로 기도합니다. 아멘.

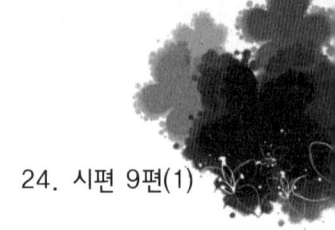

24. 시편 9편(1)

내가 전심으로 주께 감사하오며

사랑의 주님!
우리는 감사의 마음을 갖고자 합니다.
나를 이 땅에 있게 하시어 진자리 마른자리 갈아 뉘시며
밤낮으로 돌보시며 마음고생과 갖은 수고 헤아릴 수 없을 만큼의
수고를 통하여 내가 지금 있기까지의
사랑을 쏟아주신 부모님의 은혜를 생각하며 한없는 감사를 드립니다.
나를 친구로 받아주고 우정을 함께 나눈 학교와 직장
사회에서 만난 친구들에게도 말할 수 없는 감사를 드립니다.
내가 어려울 때마다 나를 일으켜 주시고
내 손을 붙잡아 주며
갈 길 몰라 방황할 때
갈 길을 가르쳐 준 많은 이웃들에게도 감사를 드립니다.
특히 내가 어려울 때 나의 인생에 동반자로 출발하여
나의 아들과 자녀가 태어나고 지금껏
삶을 함께 해온 아내와
그리고 나를 아빠라 불러주며 자라온 아이들에게도 감사를 드립니다.
내가 나라가 있어서 어디를 가든
조국의 이름을 부르며 살 수 있게 된 것을 감사를 드립니다.

그러나 이 나라는 64년의 긴 분단 생활을 지나고 있습니다.
허리가 잘리고 6·25 민족상잔을 겪으며
전 국토가 초토화되고
수백만의 살상과 전쟁고아를 배출하였으며
천만의 이산가족이 상봉을 하지 못한 채로
늙거나 병들어 죽어가고 있습니다.
지금 이 순간에도 정전이나 휴전이 아닌 전쟁이 계속되어
남북한 불신과 협박을 통한 불안과 전쟁의 기운이
우리를 떨게 하고 있습니다.
우리의 소원이 꿈에라도 이루어지길 노래하고 있지만
그것은 입술에서만 머물고
무서운 핵전쟁 무기들의 확보와
미국의 핵을 실은 첨단 무기와 북의 미사일 위협이
날마다 귓전을 때리고 있습니다.
그럼에도 불구하고 주님께 감사하는 것은
우리의 생명을 지키신 주께서 우리를 끝까지 지키시리라
믿기 때문입니다.
믿고 살 수 있는 길은 오직 주님뿐이옵니다.
우리의 희망과 존재의 가치와 의미도 주님 안에 있음을 믿습니다.
만물을 창조하시고 그 모든 완성을 주관하시는 주님
오늘도 우리의 생사 화복을 주장하심을 믿기에
주께 모든 것을 맡기며 간구하옵니다.
간구하되 모든 것을 마음과 뜻과 정성과 힘을 다하여 구하며
오직 이 모든 것은 주의 영광을 드러내기 위한 것이옵니다.

생명의 하나님!
우리가 기도하되
전심으로 구하지 못할 때가 많습니다.
형식적으로 구하고
마지못하여 구하며
할 수 없어서 무릎을 꿇을 때가 많습니다.
중언부언하고
너무 추상적이며
간절함이 결여되어 있습니다.
성령이 소멸된 것입니다.
말씀이 입술에만 있는 것입니다.
불쌍한 영혼입니다.
꺼져가는 등불과 같은 기도입니다.
성령의 불이 붙고
기도의 목마름이 타오르게 하옵소서.
그리하여 몸을 전체로 드려
땀방울이 핏방울 되도록 구하게 하소서.
그리하면 분명 기도의 응답이 있을 줄로 확신합니다.
하나님께 나의 모든 마음과 함께
심장으로 기도하게 하시고
마음과 심장으로 감사하게 하옵시며
주님의 놀라운 일을 전하게 하옵소서.
예수 그리스도의 이름으로 빕니다. 아멘.

25. 시편 9편(2)

주의 이름을 찬양합니다

사랑의 주님!
오늘 이 아침에도 주님을 찬양합니다.
천하에 단 하나뿐인 주님의 이름을 찬양합니다.
모순 덩어리로 점철된 이 세상에서
그래도 이 역사의 모순을 해결하고자
수많은 사람들이 애쓰고 수고하였습니다.
소위 성자라고 일컫는 사람들도 있고
부족과 민족과 나라 혹은 조직과 공동체의 지도자들이
칭송되기도 합니다.
그들은 시대의 아픔이나
자신들이 처한 조직을 살리기 위하여
때로는 하나밖에 없는 목숨을
초개와 같이 버리는 숭고한 희생과 봉사를
위해 살기도 합니다.
인간의 욕망은 누구나 잘 되기를 바랍니다.
소위 출세하고
이름을 알리고
최상의 의식주를 누리며 살기를 바랍니다.

좋은 집과
좋은 음식과
좋은 옷을 입기를 바랍니다.
남들이 알아주고
타인의 인정을 받고자 하며
그 위에 우뚝 서서
자기 존재를 과시하고자 합니다.
소유가 두둑해야
안심을 하고 평화를 누리는 듯합니다.
업적을 남겨 자신의 이름이
역사에 기록되기를 바랍니다.
그래시 힘의 경쟁을 멈추지 않고
권력과 자본의 힘을 쟁취하고자 합니다.
아마 이것이 살아 있는 자들의 본능인 것 같습니다.
문제는 이러한 싸움을 공정하지 못한 방법과 수단을 통해서
하려고 하는 것입니다.
정의와 불의의 균형도 무너져 내렸고
사랑의 개념도 자본의 힘에 부서져 버렸습니다.

사랑의 주님!
그리하여 우리는 주님의 이름을 의지할 수밖에 없습니다.
주님의 이름을 부를 수밖에 없습니다.
주님의 이름을 찬양할 수밖에 없습니다.
주님의 이름을 부를 때에 힘이 납니다.

주님의 이름을 생각할 때에 희망이 떠오릅니다.
주님께서 창조하신 우주와 이 땅의 모든 것들을
다 소유한다 해도 우리의 만족과 행복은 찾아오지 않기에
주님의 이름을 부릅니다.
스스로 존재하는 자
아무도 넘볼 수 없는 오직 유일한 분
태초부터 지금까지
현재와 영원한 미래에 존재하실 분
모든 것이 사라져도
홀로 우주와 역사를 다스리는 분
혼자 있는 것이 아니라
사람과 만물의 찬양을 받으시기 원하시는 분
만물의 탄식과 신음과
울부짖음을 들으시며 아파하시고 우시는 분
그 주님의 이름을 찬양합니다.
나의 작은 아픔도 기억하시며
위로하시고 달래시며
어루만지시며 고쳐주시는 분
그 주님의 이름을 찬양합니다.
버려진 돌들의 외침도 외면치 아니하시고
이름 모를 들풀도 싸안으시는 분
작은 바람도 감지하시며
안타까워하시는 주님의 이름을 찬양합니다.
넘어지고 쓰러지며

병들고 아파하는 모든 자를 고치시며
그들의 눈물을 훔쳐주시며
얼굴을 맞대고
일어나 걸어라 속삭이시는 분
그 주님의 이름을 찬양합니다.
주여 오시옵소서.
전쟁과 싸움이 요동치는 자리에 오시옵소서.
거짓과 불의가 판치고
진실이 묻혀버린 이 세상에 오시옵소서.
주님의 이름을 부르다 지치고
잠들어 쓰러진 이곳에 오시옵소서.
우리는 다시 일어설 수 있다는
희망의 노래를 할 수 있게 하옵소서.
이 아침에도 주님의 이름을 찬양합니다.
너무도 보고 싶은 주님의 이름을 찬양합니다.
내가 주를 기뻐하고 즐거워하며
높으신 주님의 이름을 찬양합니다.
그리고 기도합니다.
우리 주 예수 그리스도의 이름으로 기도합니다. 아멘.

26. 시편 9편(3-8)

의로운 재판을 하시옵소서

공의로우신 하나님!
세상을 살면서 아무 이유 없이
앞길을 막는 자 많이 있습니다.
그것 때문에
정말 힘들고 괴로운 시간이 많았습니다.
밤잠을 이루지 못하고
그런 사람들의 이유가 무엇이었는지를
여러 가지로 생각해 보았습니다.
나 자신을 돌아보기도 하고
주변을 둘러보기도 하였으며
내 삶의 자국과 주변의 삶의 그림자도 새겨 보았습니다.
내가 당하는 고통과
우리의 가족과 자녀들이 당하는 고통의 이유와
깊이들을 생각하며 몸부림쳐 보았습니다.
너무도 많은 고통과 괴로움으로
몸도 마음도 수척하고
영혼이 깨어지는 아픔을 수없이 경험해 보았습니다.
봄이 와도 내 마음은 한겨울 북풍한설이 휘몰아치고

태양이 정오에 머물러도
내 가슴은 짙은 어둠으로 덮여 있었습니다.
그때마다 나의 원수들이 물러가기를 외쳤고
그때마다 원수들이 넘어져 멸망하기를 바랐습니다.
나를 괴롭히고 내 앞길에 돌산과 가시덩굴을 만드는
그들을 향하여
주님은 나의 의와 송사를 변호하셨으며
하늘 보좌에서 의로운 심판을 하셨습니다.

의로우신 하나님!
이방 나라들을 책망하시고
악인을 멸하시며
그들의 이름을 영원히 지우셨습니다.
원수가 끊어져서 영원히 멸망하였으니
주께서 무너뜨린 성읍들을 기억하기 매우 힘이 들 정도입니다.

역사를 주관하시고 사람의 생사 화복을 주관하시는 하나님!
원수들의 중상모략과
생각할 수 없는 죄악들을 기억하시고
다시는 그들이 이 종을 괴롭힐 수 없게 하옵소서.
그들의 악함과
그들의 어두운 행악들이 발붙이지 못하게 하옵소서.
원수들의 무너진 성읍들과 같이
그들의 모든 것도 묻히게 하옵소서.

다시는 이 종의 길을 막지 못하게 하시고
일어나지 못하게 하옵소서.
그리고 다시는 그 원수들의 올무와
기가 막힐 웅덩이와 수렁에 빠지지 않게 하옵소서.

공의로 세계를 심판하시는 하나님!
정직으로 판결을 내리시어
이 땅에 억울한 자 없게 하옵소서.
우리 주 예수 그리스도의 이름으로 기도합니다. 아멘.

27. 시편 9편(9)

주님은 나의 피난처입니다

사랑의 주님!
주님이 우리에게 허락하신
생명의 연수가 칠팔십 년
많으면 구십이라 하였습니다.
요즈음 우리의 평균 수명은 백 세일 거라고 합니다.
사람들의 욕심은 부자로 살고 건강하며
행복하게 사는 것입니다.
그렇지만 우리가 사는 세상살이는 그리 쉬운 길이 아닙니다.
백년가약을 맺은 부부가
하루아침에 나누이고
자녀들이 부모에게 상상할 수 없는 저항을 하며
믿었던 친구가 갑자기 등을 돌리고
선후배, 스승과 제자의 신의가 산산이 부서지고
주님의 몸인 교회 공동체가
위로와 희망과 치유의 공동체가 아니라
갈등과 상처를 주며
비리와 부패에 싸이고
세속의 썩음보다 더하여 신음과 탄식이 하늘에 닿았으며

갈 곳을 몰라 방황하고 있습니다.
가난하고 어려웠을 때는 주님을
그토록 간절히 목마르게도 찾더니
이제는 주님이 입술에서만 맴돌고
죄 의식조차도 없이
밥벌이의 수단이 되었습니다.
주님의 상업과
육신의 욕심을 채우는 수단과 도구가 되어
주인과 가치가 완전히 전도되었습니다.
사업이 부도나고
가정이 흔들리며
병들어 어딘가에 쉼을 갖고자 하지만
몸과 마음이 휴식을 취할 곳은 없습니다.
주님만을 의지하고
주님만을 바라보며 살아온 지난날들이 주마등처럼 스쳐가지만
정말 마음과 영혼이 쉴 곳은 없습니다.
때로는 주님께로 가고자 하나
그럴 수도 없어 다시 긴 밤을 지새고 있습니다.
그래서 다시 주님을 부르고
주님께로 달려갑니다.
주님은 억압 받는 자들의 주님이시고
억압당하는 자들의 피난처가 되십니다.
이 세상에 아무도 나를 위로할 자 없고
이 세상에 내가 병들어 의지할 데 없으며

아무도 찾는 이 없어
외로움과 고독의 깊은 계곡을 거닐며
사망의 음침한 길을 갈 때에도
주님은 우리의 피난처가 되십니다.
주님이 계셔 이 모든 탄식이 노래가 되고
주님이 계셔 모든 절망이 희망이 되며
주님이 계셔 어떤 경우에도
일어설 수가 있습니다.
주님의 피난처는 늘 포근하고 따뜻합니다.
주님의 피난처는 항상 위로가 되며
주님의 피난처에서
항상 새로운 힘을 얻습니다.
주님은 진정한 나의 피난처입니다.
주님은 나를 거절하는 법이 없습니다.
주님은 항상 한결같으십니다.

생명의 주님!
이 종을 받아 주시고
늘 안식할 수 있게 하옵소서.
주님은 환난의 때에 나의 진정한 피난처입니다.
예수 그리스도의 이름으로 기도합니다. 아멘.

28. 시편 9편(10)

주의 이름을 의지합니다

역사를 주관하시는 하나님!
이 민족의 역사는 반만년이란 이름을 가지고 있습니다.
기독교의 역사는 카톨릭은 1774년을 원년으로
개신교는 1884년을 원년으로 전자는 200년이 넘고
후자는 100년을 훨씬 넘어가고 있습니다.
모순의 현상을 보면
얼굴을 돌리고 싶습니다.
그래서 의지할 것이 없을 때가 너무 많습니다.
마음에 감당하지 못할 슬픔과 고독이 밀려올 때면
모든 것을 포기하고 싶습니다.
상처가 너무 커서 감당하지 못할 때면
삶의 의미와 가치를 모두 잊고 싶습니다.
주님께서 왜 오셨는지
주님께서 왜 고난 당하셨는지
주님께서 왜 가시관을 쓰시고
채찍을 맞으시며
끝내 십자가에서 죽임을 당하셨는지
하나님마저 왜 주님을 버리셨는지

그리고 하늘이 어두워지고
천지가 진동하였는지를
알 수 있을 것 같습니다.
모든 것이 의미가 없다고 느껴지고
내 곁을 떠나가고
내가 모든 것에서 거절당하고
내가 모든 것에서 버림을 받았다고 느껴질 때
나는 주님의 이름을 의지하게 됩니다.
모든 것이 나를 버리고
모든 것이 날 떠나도
주님만은 나를 버리지 않고
주님만은 나를 곁에서 지켜 줄 것이라 생각하기에
주님의 이름을 의지합니다.

역사를 주관하시는 주님!
속이고 속고 삽니다.
우리 분단된 민족의 주권이 없는 것을 알고
이 역사를 바라보며 비탄에 젖을 때가 있습니다.
우리 것은 없습니다.
미국과 중국, 일본과 러시아
미일러영프이독 강대국의 손에 놀아나고
지금도 그러합니다.
주님의 이름을 망령되이 부르며
썩어질 배를 채우는 불쌍한 존재들이

이 세상에는 득실거립니다.
그들은 주님의 이름을 의지하는 것이 아니라
주의 이름을 상품화하여 브랜드를 만들고
여러 가지 수단을 동원하여 판매에 열을 올립니다.
그러나 이 세상 의지할 것 없는 저는
주님만을 의지합니다.
주님의 이름을 부르며 이 통곡의 계곡을 지나갑니다.
주님 이름 부르며
슬픔의 강을 건너갑니다.
그리고 희망을 노래합니다.
주님의 이름을 부르며
사망의 골짜기를 넘어갑니다.
주님의 이름을 의지하는 자는 복이 있습니다.
주님의 이름을 부르는 자는 기적을 보게 됩니다.
주의 이름을 끝까지 의지할 수 있는 믿음을 주옵소서.
주님은 주를 찾는 자들을 버리지 아니하십니다.
모든 자가 주의 이름을 알고
주를 찾게 하시며 주의 이름을 의지하게 하소서.
예수님의 이름으로 기도합니다. 아멘.

29. 시편 9편(11)

주의 행사를 선포합니다

진리의 주님!
진리는 절대 불변하는 보편적 법칙입니다.
주님이 이천십삼년 전에 베들레헴 마구간
그 떡집에 오셔서 오늘까지 선포하신 말씀의 본질은
하나도 변함이 없으십니다.
세상이 변하고 세태와 문화가 변하고
사람들의 생각과 그들의 삶의 목적과 목표가 변한다 할지라도
주님의 말씀은 일점일획 변화가 없고 우리의 삶의 진리임을 믿습니다.
주님이 나실 때 누우실 자리가 없어
짐승이 여물을 먹는 말구유에 오셨고
간교한 헤롯의 살인 음모를 천사들의 고지를 통하여
어린 아기로 이집트로 피난살이를 해야 했습니다.
여우 같은 헤롯이 죽고 난 다음 나사렛에서 자라시고
흑암과 어둠이 짙게 드리워진 스불론 땅과 납달리 땅과 요단 강 저편
해변 길과 이방의 갈릴리에서 흑암에 앉은 백성이
주님의 큰 빛을 보았고
사망과 그늘에 앉은 자들에게 빛이 비추이기 시작하였습니다.

주님은 어부인 베드로를 비롯하여 열두 제자를 부르시고
동거동락 하시며
하나님 나라의 운동을 펼치시며 하늘의 기쁜 소식을 전하셨습니다.
이른 아침과 한적한 시간에
혹은 잠시도 쉴 수 없는 바쁘신 중에도
하나님 아버지와의 대화 기도를 게을리하지 않으시며
각종 병자를 고치시며
악한 세력과 귀신을 꾸짖고 내어 쫓으시며
기도의 집인 성전이 장사꾼들에 의해서 강도의 소굴로 변하자
상을 들어 엎으시며 회초리를 들어 내리치시고
죽은 나사로를 살리시며
과부의 억울함을 풀어 주시고
마침내 식민 세력인 로마의 권력과
그들을 등에 업고 민중을 착취하며 부귀영화를 누리던
당시의 제정일치 세력을 구가하던 대제사장 족속들과
교권과 우매하고 자각하지 못한 대중들의 결탁에 의해서
신성모독과 정치적 반역의 죄목으로
극악무도한 십자가 처형을 당하셨습니다.
그러나 살아 계신 하나님께서 십자가에서 죽임당하신 주님을
살리시고 부활의 첫 열매가 되게 하셨습니다.

불의를 기뻐하지 않으시며
죽은 자를 살리고 병든 자를 고치시며
악한 귀신을 내어 쫓으시는 주님의 능력을,

제자들과
주님을 영접하고 믿는 자들에게 은사로 주셔서
오늘까지 그 증거가 나타나게 하십니다.
우리는 주님의 살아 계심을 믿습니다.
우리는 주님의 다시 오심과 온전한 부활을 믿습니다.
주님이 행하신 기적들을 믿습니다.
믿는 자에게 병이 낫고 치유되며
귀신이 쫓겨나고 상처가 아무는 것을 믿습니다.
주님의 사랑은 영원하심을 믿습니다.
주님이 성경에 기록된 대로의 행적을 믿으며
성령의 능력에 의해서 오늘도 그 능력이
계속됨을 믿습니다.

주여, 우리에게 믿음을 주셔서
주님의 행사를 선포하게 하옵소서.
이 불의하고
모순이 가득하며
미래가 불확실한 아귀다툼의 현실에서
우리 자신의 생명을 지키고
과부와 고아와 나그네의 인권을 지켜내며
분단으로 인한 민족의 한스런 역사의
모순과 상처를 치유케 하옵소서.

주님의 행사를

우리의 가정에서
우리의 교회 공동체에서
우리의 나라와 사회에서
우리의 직장에서
그리고 이 세계 땅 끝까지
선포하게 하옵소서.
변덕스런 봄이 가고
이제 산야가 푸르른 녹음의 계절이 오고 있습니다.
우리의 어두움이 물러가고 껍데기는 물러가며
부활의 주
생명의 주
진리의 주를 선포하게 하옵소서.
우리 주 예수 그리스도의 이름으로 기도합니다. 아멘.

30. 시편 9편(12)

가난한 자의 부르짖음을 들으소서

오늘 이 나라와 사회
그리고 세계의 가장 큰 비극의 현실은
부익부 빈익빈 다른 말로 하면 양극화입니다.
땅이 크고 작은 나라의 개념이 아니고
가진 자와 가지지 못한 자의 간격이
건널 수 없는 계곡의 사회 구조적 현상을 말합니다.
그것은 능력 있는 자와 없는 자의 선천적 차이,
노력하고 부지런히 산 자와 그렇지 못한 자의 차이의
결과일 수 있습니다.
이러한 결과를 놓고 부모와 조상을 원망하거나
하늘과 세태를 원망할 수도 있습니다.
그러나 그것은 옳은 생각은 아닐 것입니다.
어느 시대나 역사에도
부자와 빈자는 있고
가진 자와 못 가진 자가 있습니다.
고대와 중세가 그 이유가 다르고
근대와 현대가 그 결과의 이유가 다릅니다.
종교가 중심에 있던 시대와

신분이 지배하던 사회
그리고 자본주의가 태동하고
산업혁명 이후의 시대가 다릅니다.
'굴뚝 사회'의 화석 연료가 풍부한 지역과
그렇지 못한 지역 간의 차이도 있을 수 있습니다.

그렇지만 지금 21세기 글로벌 지구촌 시대에서의
부자와 빈자의 결과는 다국적 기업과 초국적 기업
그리고 그들과 결탁한 불의한 권력과의 관계에서
발생했다는 점에서 과거와 현저히 다른 현상입니다.
한국사회는 일제 식민지의 매국 매판 자본들에 의해서
빈부의 원천이 생성되었고
민족분단과 동족상잔의 6·25 전쟁 후에 권력과 민족 자본을
착취한 세력에 의해서 빈부의 근원이 생기게 되었습니다.
예수 그리스도의 하나님 나라 건설은
단순히 앉아서 기도하고
침묵하는 것으로 이루어질 수 없습니다.

기도는 행동과 실천으로 이어져야 합니다.
그 말은 기도와 삶은 분리되어 있지 않다는 말입니다.
땀이 핏방울이 되듯이 기도해야지만
기도 후에 실질적 행동의 삶이 필요하다는 말입니다.
우리의 눈으로 볼 수 없는 작은 세포들도 가만히 있고
움직이지 않는다면 죽은 것입니다.

살아 있는 것은 새로운 세포를 만들며
운동하고 움직이며 일을 합니다.
그러나 그 세포가 살아서 운동하고 움직이게 하려면
몸에 필요한 영양소를 공급해야 합니다.

기도는 우리가 살기 위한 생명의 원천입니다.
오늘 우리는 파괴되는 지구 생태계를 회복하는 일과
우리의 영적 회복을 위한 기도와
이 사회와 역사를 살리는 가진 자와 못 가진 자 사이의
간격을 메워 양극화 문제를 해결해야만 합니다.
나와 우리의 가정이 사는 기도와 열심 있는 노동이 있어야 하지만
열심히 일해도 살기 힘든 구조적 자본의 모순과 제도를
모두가 함께 살 수 있는 구조와 제도로 바꾸어야만 합니다.
이것은 단지 정치와 교육 문화와 사회 구성원만의 일이 아니라
우리 교회가 그리스도인들이 구체적 행동과 실천의 기도로
함께 만들어가야 할 하나님의 명령입니다.

정의와 사랑은 동전의 양면입니다.
하나님은 가난한 자들의 부르짖음을 결코 외면하지 않으시고
반드시 들어 응답하십니다.
우리의 게으름에도 잊지 않게 하시고
우리의 가난이 악한 자본과 기업
그리고 그 자본과 결탁된 권력들의 구조 악에 있지 않게 하옵소서.
그래서 이 나라와 사회가 개인과 공동체가

남과 북이 이 세계의 모든 백성들이
자연과 사람이 함께 더불어 사는 주님의 나라가 되게 하옵소서.

마침내는
주님이 창조하신 모든 만물의 신음 소리가 그치고
주를 찬양하는 우주적인 하나의 평화가 이루어지게 하옵소서.
특히 우리의 영적 가난이 해결되고
우리의 경제적 가난이 해결되며
우리가 사는 이 모든 동시대의 가난이
해결되게 하옵소서.
열심히 일하되 자연을 보호하고
열심히 일하되 하나님의 도우심과 보호하심을 받아
우리 모두가 함께 잘 사는 세상이 이루어지게 하옵소서.
우리 주 예수 그리스도의 이름으로 기도합니다.

31. 시편 9편(13-14)

여호와여 내게 은혜를 베푸소서

생명의 주님!
세상을 살고 나이를 먹어 가면서
깨닫는 것이 있습니다.
그것은 은혜를 깨닫고 알면서 사는 것입니다.
은혜가 무엇입니까?
고맙게 베풀어 주는 신세나 혜택이 아닙니까?
우리는 두 가지 큰 은혜를 받고 살아갑니다.
하나는 조상들과 부모님의 은혜입니다.
우리가 있기까지 이 나라를 만들고 지키기 위해
수많은 고통과 피 흘림과
몸부림친 우리 조상들이 있습니다.
믿음의 조상 아브라함과 이삭과 야곱이 있듯이
우리 민족과 나라를 위하여 살아온 조상들
그리고 우리에게 신체를 물려주시기 위하여
우리를 뱃속에서 열 달을 있게 하시며
육천 마디의 뼈를 움직여
해산의 고통을 한 어머니의 산고의 은혜
또한 진자리 마른자리 갈아 뉘시며

물가에 내놓은 것처럼
차 조심 사람 조심
어두운 세력 조심을 매순간 비시는 은혜
이리저리 마음 애태우며
우리를 있게 하신 어머니
우리를 위하여 노심초사
노동과 수고로 가정을 지키려 하셨던 아버지
그 은혜가 있어
우리가 존재한다는 것을 감사하며
무한한 은혜를 깨닫게 됩니다.
우리는 이 조상들과 부모님의 은혜뿐 아니라
우리의 조상과 부모, 우리들
우리의 삶의 터전인 자연과 우주 만물을
창조하시고 있게 하신 하나님의 은혜와
독생자 예수 그리스도를 이 땅에 보내시어
우리를 죄악 가운데서 건지시고 구원하시는
그 은혜를 알게 된 것을 진실로 감사를 드립니다.

하나님을 아는 것이 지식과 지혜의 근본이라 하였습니다.
하나님을 모르는 인간들의 부귀영화는
정말 헛된 것뿐이라 하겠습니다.
하나님을 알지 못하면
이 세상 주인이 맘몬과 물질 그리고 권력인 줄 알며
그것에 복종하며 아부 아첨을 합니다.

이 세상과 우주 만물이 다 하나님의 것임에도
하나님이 계신 줄 모르면
교만하고 오만하며
무례하고 사악하며
갖은 거짓과 악을 다 행하며
그들의 삶을 통하여
이 땅의 역사는 모순덩어리가 되며
인간의 탐욕과 욕심은 끝을 모르며
자신이 어디에서 와서
어디로 가는지 출처를 모르고
무지 속에 살다가 허망한 인생을 살고 갑니다.
삶의 목적과 목표가 무엇인지
왜 태어나서
무엇 때문에 살고
어떻게 사는 것이 참 인간으로 사는 것인지를
알지 못하고
그저 왔다 그저 가는
허탄하고 쓸쓸한 인생을 사는 것입니다.
자신이 소유한 물질의 주인이 누구인지도 모르면서
그것을 어떻게 사용해야 되는지도 모르면서
천만년 살 것처럼 착각과 환상 속에 빠져
더러운 진흙탕과 구정물 같은 삶을 마감하고 맙니다.
하나님을 알았다 하나
입술로만 사는 자들도 이와 같은 삶을 살다 갑니다.

화려한 예배당을 건축하고
주님의 이름보다는
자신의 이름을 위하여
주님의 이름을 상업화한 자들도 이와 다를 바가 없습니다.
위로는 하나님을 사랑하고
아래로는 내 이웃을 내 몸과 같이 사랑하지 못하고
사랑을 내세워 자기 뱃속을 채운 자도
이러한 울타리에 갇혀 삽니다.
이 세월이 가면 갈수록
하나님의 은혜를 깨닫고 아는 자가 되어야 할 것이라 생각됩니다.

우리가 살아가는 동안 내가 만나는 사람들에게서
너무도 많은 은혜를 받고 있다는 것을 깨닫게 됩니다.
가정을 이룬 가족과
많은 친구들과 이웃들
직장의 동료들
선생과 스승들
여행을 하는 동안에
절망과 질병 중에서
좌절과 실의에 빠져 있을 때에
힘주는 말 한마디 등
헤아릴 수 없는 은혜를 받고 살고 있음을 알며
감사를 드립니다.
나의 앞길을 막는 원수들도 있지만

나를 깊은 어둠의 수렁에서 건지는 자도 있습니다.
우리는 매 순간 하나님의 은혜로 살고 있습니다.
우리를 기가 막힐 웅덩이와 수렁에서 끌어 올리시고
우리의 발걸음을 반석 위에 두시며
그 발걸음을 견고케 하십니다.

세상에서 가장 나쁜 인간은
은혜를 받고도
그 은혜를 배은망덕으로 갚는 자들입니다.
하나님 아버지에 대한 은혜
대자연에 대한 은혜
조상들과 특히 부모님에 대한 은혜
이웃들과 동료와 친구들의 은혜 등
이 은혜를 배신으로 갚지 않도록 하옵소서.
지금까지 사망의 음침한 길에서도 건지시고
건널 수 없는 깊은 계곡을 건너게 하시며
질병과 가난
갖은 수치와 모욕 거절 속에서도
새로운 희망을 창조케 하시는
주님의 은혜를 베풀어 주옵소서.
주님은 은혜의 주님이십니다.
주님은 생명의 주님이십니다.
주님은 이 세상과 우주 만물과
역사와 생사 화복의

주관자이십니다.
주님이 함께 계셔 살맛이 납니다.
주님이 계셔 다시 일어나 걷습니다.
하늘이 열리고
너는 내 사랑하는 아들이라 딸이라
음성을 듣게 하옵소서.
내 심령에 어두운 기운은
다 사라지게 하옵시고
거룩한 성령이 폭포수처럼 부어지게 하옵소서.
하나님은 나를 사망의 문에서 일으키시며
나를 미워하는 자에게서 받는 고통을 감찰하십니다.
내가 주를 향하여 전심을 쏟게 하옵시고
주의 은혜의 해를 받게 하옵소서.
그리하시면 나는 주의 찬송을 다 전할 것이요
주의 날 시온의 문에서
주의 구원을 기뻐하며
노래하리이다.
이 모든 것을 우리 주님 예수 그리스도의 이름으로 빕니다. 아멘.

32. 시편 9편(15-16)

자신을 알라

우리는 자신의 실패의 원인을
대개의 경우 타인에게 돌립니다.
그리고 타자를 원망하며 불평합니다.
부부가 되어서도
어느 정도 세월이 흐르면
콩깍지는 벗어지고 허물이 드러나고
사업이 부실하게 되고
경제적 어려움이 찾아오며
자녀들이 속을 썩이고
하는 일이 잘 풀리지 아니하면
자신의 손가락을 서로에게 돌리며
내 탓이 아니라 네 탓이라 소리치며
원망과 불평을 쏟아 놓습니다.
주례자가 어떤 경우에도 일생을 같이 하라고 했을 때
고개를 끄덕이며 '예'라고 대답하였지만
그 약속은 희미하게 사라지고
가슴에 끓는 화로처럼 불을 원망과 불평으로 토해 냅니다.
이런 부부의 결말은 불을 보듯 뻔합니다.

나라와 사회도 마찬가지입니다.
지도자를 잘못 선택하고도 불평과 원망이 그치질 않습니다.
물론 한 나라의 지도자는 그 나라의 운명을 좌우할 만큼의
중요한 자리입니다.
부부 역시 나라만큼이나 가정을 지키는 중요한 자리입니다.
그런데 이렇게 관계를 형성한 후에 잘못과 허물이 있다 하여
서로 불평과 원망을 한다면 책임을 지는 자는 없고
잘못을 인정하거나 회개하는 일이 없으면
그 공동체는 병이 들고 깨어질 수밖에 없습니다.
이 세계 역사는 인간의 끊임없는 정복의 야욕과 땅 따먹기로
피 흘린 역사의 연속입니다.
이러한 역사의 현상들을 우리는 멈출 수가 없다는
절망감을 가지고 있습니다.
계백의 결사항전은 너무도 비장합니다.
나라를 위하여 자신의 혈육을 다 도륙합니다.
마하트마 간디는 영국으로부터 백오십 년간의 인도 식민지 역사를
끝내려고 '삼월 소금운동'을 벌입니다.
자신의 변호사 생활을 통한 부귀영화를 접고
영국의 질 좋은 옷감 대신 손으로 물레를 돌리며
독립을 위하여 삶을 태웁니다.
"나는 하나의 꿈이 있다"라는 불후의 명 설교를 한 마틴 루터 킹 목사는
유색인종의 인종 차별의 부당성을 말하고 암살을 당합니다.
첫째도 둘째도 그리고 셋째도 소원이 독립이라고 외친 김구 선생
통일의 봄을 위하여 흔쾌히 민족의 분단에 몸을 던진 문익환 목사

탐욕으로 피 흘리는 역사 위에 진정한 평화를 위하여
자신의 몸을 던진 위대한 자들도 많습니다.
우리는 가정과 자녀
민족과 나라
이 사회가 잘못되어 가는 탓을 남의 탓으로 돌리고
타인을 향한 불평과 원망을 하며 삽니다.
우리는 자신을 모릅니다.
알려고 하지도 않습니다.
자신의 잣대로
자신의 입장에서 남을 정죄하고 평가하며
비난하려 듭니다.
우리는 하나님 앞에서 자랑할 것이 아무것도 없습니다.
우리는 하나님 앞에서 죄인일 뿐입니다.
한 번의 일생은 너무도 짧습니다.
그런데 우리는 매우 큰 착각에 빠져서
남은 날들이 아직도 많은 줄 압니다.
우리가 갖고 있는 하찮은 지위와 건강
우리가 갖고 있는 몇 푼의 물질과 땅
그것이 영원할 것으로 알고 거짓된 행동을
멈추지 않습니다.
그것을 대단한 것으로 알고 있습니다.
그것이 나를 지켜주고 보호해줄 방패와
바위인 것처럼 착각에 빠져 있습니다.
죽음이 임박해서도 그것을 깨닫지 못합니다.

어리석고 불쌍한 존재가 바로 인간입니다.
낮과 밤이 쉬이 바뀔 것입니다.
젊음은 한 순간이고 우리가 보는 것도
잠시일 뿐입니다.
사랑할 시간도 없고
좋은 일 하기에도 너무 짧은 시간입니다.
인생의 사계절도 쉬이 갑니다.
이슬과 같은 인생
풀도 꽃도 곧 시들고 맙니다.
우리의 부귀가 대물림되고
우리의 교회가 세습이 된다 한들
영원한 소유가 되지 못합니다.
그러므로 우리 자신을 알아야 합니다.
우리의 껍데기가 아니라
우리의 속과 내면의 세계를
속속들이 들여다봐야 합니다.
우리가 안다고 하는 작은 지식들도
다 무상하기 짝이 없습니다.
그러므로 우리는 이렇게 기도해야 합니다.
주님! 나 자신을 알게 하옵소서.
나를 알고 나면 길이 보입니다.
나를 알고 나면 문이 열립니다.
나를 알고 나면 하늘이 열립니다.
나를 알고 나면 세상이 보입니다.

나를 알고 나면 상대가 보이고 타인이 보입니다.
나를 알고 나면 어떻게 살아야 할지 알게 됩니다.
내가 누구인지를 알면 삶의 목적과 목표가 보입니다.
그러므로 우리가 하나님을 알았다면 나를 알아야 합니다.
나를 알면 역사가 보입니다.
거대한 기업을 보며 왜소하게 생각 마십시오.
우리는 우주입니다.
우리는 우주를 안고 살고 있습니다.
우리의 아버지는 하나님이십니다.
우리의 아버지는 창조주이십니다.
그분이 우리를 알게 합니다.
그분이 우리의 길이요 진리요 생명이십니다.
나를 알게 되면 하나님을 알게 되고
나를 알게 되면 진리를 알게 됩니다.
나를 알면 자유를 살게 됩니다.
나를 알게 되면 막힘이 없습니다.
탐욕과 소유는 나를 알 수 없게 합니다.
거짓은 나를 알 수 없게 합니다.
껍데기로서는 나를 알 수 없습니다.
아는 체로서는 나를 알 수 없습니다.
교만과 오만으로서는 나를 알 수 없습니다.
철저한 회개가 없이는 나를 알 수 없습니다.
나를 다 버리지 못하고서는 나를 알 수 없습니다.
가진 것을 다 나누어 주지 않고는 나를 알 수 없습니다.

나를 다 내려놓지 않고서는 나를 알 수 없습니다.
내가 십자가의 죽음에 함께하지 않고서는
나를 결코 알 수 없습니다.
모든 것을 용서하지 않고서는 나를 알 수 없습니다.
성령의 임재가 없이는 나를 알 수 없습니다.
나사렛 예수의 삶을 이해하지 않고서는
나를 알 수 없습니다.
이방 나라들이 자기 웅덩이에 빠지고
자기가 숨긴 그물에 자기의 발이 걸립니다.
하나님께서 자기를 알게 하사 심판을 행하시고
악인은 자기가 손으로 행한 일에 스스로 얽혀 있습니다.

사랑의 주님!
나를 알게 하시는 은혜를 내리소서.
내가 스스로의 그물과 악에 빠지고 얽히지 않게 하옵소서.
내가 판 웅덩이가 없게 하옵소서.
주님의 심판을 면하게 하시고
진리와 생명의 길에서 어긋남이 없게 하옵소서.
우리 주 예수 그리스도의 이름으로 빕니다. 아멘.

33. 시편 9편(17-20)

가난한 자를 기억하시는 주님!

역사와 생사 화복을 주관하시는 주님!
주님은 모든 자의 하나님이십니다.
주님의 이름을 부르고
주님을 의지하며
주께 구하고 찾으며
문을 두드리는 자의 문을 열어 주십니다.
주님은 주를 향한 진실한 부르짖음과 기도를
반드시 들으십니다.

그러나 악인들과
하나님을 잊은 자들은 음부로 돌아가
다시는 하나님을 대면하지 못함을 압니다.
악을 행하고 하나님을 잊은 모든 이방인과 그 나라들이
다 음부에 빠져 다시는 주님을 보지 못하옵니다.
궁핍하고 가진 것이 없는 자들은
하나님께 잊어버림을 당하지 아니하고
가난한 자들은 영원히 실망을 당하지 않게 하십니다.

생명의 하나님!
도처에서 땅이 꺼지고 죽음의 소리가 천지를 진동합니다.
곳곳에서 살인을 자행하고 두려움과 공포가 진동합니다.
경제가 어려워 살기 힘들고
가정들이 무너지며
친구와 동료들이 경계하며 서로 넘어뜨리려 합니다.
약속을 가벼이 여기며
신의를 저버리기 일쑤고
인간 도리의 벽이 허물어져 버렸습니다.
하나님의 이름을 빌어 자기 뱃속을 채우는
상업이 성행하고 있습니다.
부자는 하늘에 닿도록 부의 바벨탑을 쌓아가고
빈자는 삶을 유지하는 기초와 기둥이 흔들려
서지 못하고 있습니다.

하나님이여!
악한 자들과 주님의 백성들을 괴롭히는
이방 나라들이 인생으로 승리를 못하게 하옵시고
주 앞에서 심판을 받게 하옵소서.

하나님!
그들이 주님을 두려워하게 하시고 이방 나라들이
자기의 인생 외에 더 누릴 것이 없게 하옵소서.
궁핍하고 가난한 자가

주를 떠나지 않고 소생하게 하옵시며
주의 길에 견고하게 서게 하옵소서.
피차에 악을 버리고 선으로 악을 이기게 하옵소서.
썩을 육신만이 아니라
썩지 않을 하늘의 숨겨진 보화를 찾아 승리하게 하옵소서.
우리 주 예수 그리스도의 이름으로 기도합니다. 아멘.

34. 시편 10편(1)

주여 저를 멀리하지 마소서

생명의 주님!
오늘도 이른 아침부터 생명의 눈을 뜨게 하시니
감사를 드립니다.
주님은 진실로 자비로우시며
용서하는 분이시며
힘과 능력을 주시는 분이시며
관용과 사랑으로 배려를 하시는 분이십니다.
주님의 행사는 공평무사하시며
정의를 강물처럼 공의를 하수처럼 흐르게 하시는 분이십니다.
주님은 쓰러져 비틀거리는 자의 허리를 세우시고
그의 팔과 다리에 힘을 주시는 분이십니다.
주님은 닫힌 문을 여시고
막힌 담을 허시며
갈 수 없는 길을 가르쳐 주십니다.
주님은 슬픈 자와 억울한 자의 눈물을 닦으시며
그의 깊은 한을 기쁨으로 바꾸시며
참을 수 없는 외로움과 고독의 뿌리를 뽑아 주십니다.
나는 주님을 멀리하고자 하지만

주님은 한 번 자녀가 된 자를 늘 가까이하시며
강한 팔로 붙들어 주십니다.
내가 주저앉고 싶을 때
사랑의 미소로 다가오시어 부드러운 손길로 나를
일으켜 세우시며 따뜻한 품에 안아 주십니다.
폭풍과 광풍이 몰아치는 망망대해에서
가엾은 배가 산산이 부서져
목숨이 경각에 있을 때에도
주님은 내게 가까이 계셔서
나를 견고한 바위 위를 걷게 하십니다.

사랑의 주님!
가진 자는 교만과 오만으로
주를 대적합니다.
지식이 있는 자들은 하나님의 이름을
편리대로 사용합니다.

주님!
저는 어린 아이와 같습니다.
아는 것이 없고 가진 것도 없습니다.
그래서 주님을 가까이하고자 합니다.
주님이 내게서 멀어지면 한시도 설 수가 없습니다.
주님이 내게서 멀리 가시면 나는 죽음과 같습니다.
주님마저 나를 외면하시면 생명을 부지할 수가 없습니다.

주님께서 나를 버리시면
생명이 위태롭습니다.
주여! 원하옵건대,
나를 멀리하지 마옵소서.
주여! 나를 강건하게 하시어
나를 향한 주의 뜻을 이루어 주옵소서.

주님이 가까이 계셔 나는 행복합니다.
주님이 나를 기억하시니 나는 살맛이 납니다.
주님이 나와 동행하시니 나의 다리는 피곤치 않고 곤비치 않습니다.
모두 지치고 쓰러질지라도
나는 일어나 달리고 또 뛸 것입니다.
주님! 나를 멀리하지 마옵시고
생명의 길 가게 하옵소서.
나의 환난 때에 숨지 마시고
내 곁에 가까이 계셔
나를 도우시고 건지소서.
우리 주 예수 그리스도의 이름으로 기도합니다. 아멘.

35. 시편 10편(2-11)

하나님이 없다 하는 자

사랑의 주님!
세상이 악한 이유는 하나님이 없다 생각하기 때문입니다.
세상이 어지럽고 혼돈에 빠져 있는 것은 주님이 없다고
착각하기 때문입니다.
그들은 하나님을 알지도 못하고 알려고 하지도 않습니다.
그들의 하나님은 맘몬이거나 물질 아니면
다른 우상들입니다.
그들은 권력자나 힘 있는 자들을 따르고
그들에게 아부와 아첨을 하며 구차한 목숨을 연명하려 듭니다.
그들이 의지하는 것은 모두 썩어질 것들입니다.
그들은 핵무기와 같은 것을 두려워하지만
그것이 힘이라 믿습니다.
그들은 자연의 혜택을 기대하지만 그것들을 파괴합니다.
그들은 함께 사는 것이 인간의 도리라 말하지만
속은 자기 뱃속을 채우는 거짓말입니다.
하나님이 없으니 죄도 없다 말합니다.
나는 내 능력과 내 노력으로 산다고 말합니다.
그 말이 맞는 듯합니다.

그들은 참으로 지혜롭고 지식이 충만한 것 같습니다.
그들의 이성과 학문은 하늘에 닿고
모든 우주 만물의 중심을 꿰뚫고 있는 듯합니다.
하나님이 없으니 두려울 것이 없습니다.
두려운 것은 실정법입니다.
그 법만 피해 가면 행운이 찾아온다고 믿습니다.
그들이 무서워하는 것은 물질입니다.
땅과 부동산입니다.
권력과 자본입니다.
총이나 칼, 폭탄입니다.
그들은 쌓아 놓은 재물을 도둑이 들어 훔쳐갈까 무섭습니다.
늙는 것이 무섭습니다.
재물과 명예를 천년만년 누리려 하는데
그렇게 되지 않는 것이 무서운 것입니다.
악한 자는 교만하여 가련한 자를 심히 압박합니다.

주여! 그들 자신들의 꾀에 빠지게 하옵소서.
악인은 그의 마음의 욕심을 자랑하며
탐욕을 부리는 자는 하나님을 배반하여 멸시합니다.
인간의 마음에는 욕심이 가득합니다.
남을 위한다는 직업을 갖고 산다 하지만
사실은 자신의 욕심을 채우기 위한 것입니다.
자신의 속마음을 감추고 위장하여 욕심을 채워갑니다.
인간의 탐욕은 끝이 없어서

깨어진 물동이에 물을 붓는 격입니다.
이 세상과 우주를 다 가진다 해도
채우기 힘든 것이 인간의 탐욕일 것입니다.
악인은 그의 교만한 얼굴로 말합니다.
하나님께서 나를 감찰하시지 않는다 하며
그의 모든 사상에 하나님이 없다 말합니다.
악인은 항상 자신이 최고라고 말합니다.
악인은 자기 외에 더 아는 자도 힘이 있는 자도
없다 말합니다.
악인은 하나님이 없다 하며
그의 생각에는 하나님이 없다 말합니다.
그의 길은 언제나 견고하고 흔들림이 없으며
주님의 심판은 너무 높아서 그에게 미치지 못하며
그는 그의 대적들을 멸시하며 삽니다.
악인은 말합니다.
나는 절대 흔들리지 아니하며
대대로 환난을 당치 아니할 것이다.
악인의 입에는 저주와 거짓과 포악이 가득하고
혀에는 잔해와 죄악이 있습니다.
그는 마을 구석진 곳에서 무죄한 자를 죽이며 그의 눈은
약한 자의 허물과 허점을 노려보고 있습니다.
죽음의 사자가 굴 은밀한 곳에 엎드려
약자를 잡으려고 기다리며
그가 쳐 놓은 그물을 잡아 당겨 약자를

잡습니다.
악인이 허리를 굽혀 은밀한 곳에 숨고
그가 쳐 놓은 그물에 약자가 걸려서 넘어지는
사례가 도처에 널려 있습니다.

살아 계신 주님!
주님의 얼굴을 만방에 비추시고 알리소서.
주님이 살아 계셔서 역사를 주관하시며
인간의 생사 화복과 우주 만물을
통치하시는 분임을
알게 하소서.
모든 것이 주의 것이고
주의 발아래 있으며
주의 낯을 피하여 살 자 없음을 알게 하소서.
주님의 발아래 엎드리고 주께 간청하는 것이
생명을 보전하는 길임을 알게 하소서.
악인과 선인 모두에게 해를 비추시는 주님!
그들 모두가 주의 은혜를 깨닫게 하옵시고
악이 소멸되고 주의 나라가 임하게 하옵소서.
우리 주 예수 그리스도의 이름으로 비옵니다. 아멘.

36. 시편 10편(12-16)

외로운 자의 하나님!

지금은 이 사회가 저출산 고령화 양극화의
사회라고 말합니다.
전통적인 가족 제도가 해체되고
가치관도 급격하게 변화하고 있습니다.
사람들의 생활 모습도 그리고 문화도
이해할 수 없을 만큼 너무도 빨리 변하고 있습니다.

지구촌 세계화 시대는 과거의 한 민족만이 아니라
거대 도시를 중심으로 노동과 사람의 교류가 많아져서
다국가, 다민족, 다문화를 사는 사람들이 함께 섞여 살고 있습니다.
수많은 사람들이 직업과 돈을 벌기 위하여 고향과 친척을 떠나
지구촌 구석구석을 떠돌고 있습니다.
산업사회 후기를 지나고 있지만 사람들은 이처럼
더 윤택한 삶을 찾아 세계를 떠돌아 살고 있습니다.
다문화 가족, 이주 여성, 해외 근로자들이 타국에서 사는 삶은
마치 요셉과 같은 이민의 삶입니다.
생존을 위하여 말할 수 없는 방법으로
타향에서 객지 생활을 하고 있는 것입니다.

고향을 떠나 변변한 직장을 구하지 못하고
먹지 못하고 잠 못 이루며
그러다 몸이 상하고 병이 찾아오면
그 설움과 절망, 외로움은 말로 다 할 수 없습니다.
더구나 외부로부터 폭력을 당하거나
씻을 수 없는 상처를 입고 풀 수 없는 억울한 일을 당하면
그 서러움은 눈물로도 치유할 수 없는 깊은 한으로 남기도 합니다.
이민 생활이 얼마나 힘든지는 해본 사람이면 실감합니다.
언어가 통하지 않고
문화의 차이며 아이들 교육 문제며
정체성의 문제를 극복하는 문제며
경제적 어려움이 찾아올 때
병들어 어찌하지 못할 때 등
말할 수 없는 어려움이 산재해 있습니다.
이 모든 어려움에서 느끼는 고독과 외로움은
말로 다 형용할 수 없습니다.
사업의 부도
가정의 불화로 인한 해체의 문제
홀부모 가정과 자녀의 문제
삶은 끊임없는 문제의 연속입니다.

이 문제를 나 혼자
사람의 힘만으로는 풀 수가 없습니다.
그래서 하나님을 부릅니다.

주님께 부르짖습니다.
주님의 도움을 구합니다.
하늘 문을 두드립니다.
주님은 외로운 자의 하나님이십니다.
주님은 고아의 하나님이십니다.
주님은 과부의 하나님이십니다.
악인들로 하여금 까닭없이 당한 고통을
주님은 불꽃같은 눈동자로 감찰하시며 돌아보십니다.
주님은 가난한 자들을 결단코 잊지 아니하십니다.
주님은 고아의 슬픔을 잊지 아니하십니다.
주님은 외로운 자들의 부모님이십니다.
외로운 자의 재앙과 원한을 감찰하시고 주의 손으로 갚아주시니
주님은 외로운 자와 고아의 주님이십니다.

생명의 주님!
악인의 팔을 꺾으시고
악한 자의 악을 더이상 찾지 못하게 하옵소서.
영원무궁토록 왕이 되시는 주시여
이방나라들이 주의 땅에서 서지 못하게 하옵시고
고아와 과부, 나그네 외로운 자가
억울함이 없게 하옵소서.
예수 그리스도의 이름으로 비옵니다. 아멘.

37. 시편 10편(17-18)

겸손한 자의 하나님

구원의 주님!
주님은 본래 하나님과 동등한 자리에 계셨던 분입니다.
그러나 그 동등한 높은 자리를 버리시고 자기를 비워
종의 형체를 입으시고 자기를 낮추시며
십자가에 죽기까지 복종하시므로
땅과 하늘의 모든 것을 예수의 이름 아래
무릎 꿇게 하셨습니다.
그러므로 아무 일에든지 다툼이나 허영으로 하지 말고
오직 겸손한 마음으로 각각 자기보다
남을 낫게 여기라고 하셨습니다.

우리는 사실 교만한 마음
자신의 자존심을 지키고 굽히지 않는 것 때문에
많은 일을 그르치는 경우가 허다합니다.
부부 사이에도 자존심 때문에
가정이 해체되고 직장도
자존심을 내세워 그만두는 때가 있습니다.
친구와 동료 사이의 관계를 파괴하는 경우도 자존심과 교만이 원인이 될 때가 허다합니다.

겸손은 기도가 필요하고 매우 큰 인내가 필요합니다.
자신의 존재를 온전히 비우지 못하면 겸손을 행하기란
정말 어렵습니다.
겸손은 자기를 죽이는 것입니다.
겸손은 자기의 소유욕, 욕심, 탐욕, 명예 등을 버리는 것입니다.
진정한 그리스도인이 되려면 예수에게서
겸손을 배워야 합니다.
예수님의 마음은 겸손한 마음입니다.
겸손은 다툼이나 허영이 아닙니다.
겸손은 겸손한 체하는 거짓된 이중 행동이 아닙니다.
겸손한 자는 소유를 위해 사는 것이 아니라
존재의 가치와 의미를 추구합니다.
겸손을 이루려면 예수의 십자가에 나를 온전히 죽이고
그리스도와 함께 부활하여 거듭나는 새 사람이 되어야 합니다.
겸손을 이루지 못하면
결단코 그리스도인이 되었다고
말할 수 없습니다.
성 어거스틴은 어느 누가 종교가 무엇이냐 물으면 첫째도 둘째도
셋째도 겸손이라 했고, 찰스 스펄전은 겸손은 창조의 영광이라 했으며
토마스 아퀴나스는 구속의 은총이라 하였습니다.
마이어는 예수의 삶은 한마디로 겸손이었다 말합니다.
아빌라의 성 테레사는 예수의 가르침은 겸손이었다고 말합니다.

겸손이 없다면 우리는 아무것도 이룰 수가 없습니다.
겸손은 우리 모두가 사는 생명의 길입니다.
겸손은 자신의 모든 것을 타인을 위하여
불태울 수 있는 강력한 무기며 힘인 것입니다.
겸손이 없으면 결코 하늘을 감동시킬 수 없습니다.
겸손이 없으면 아무것도 얻을 수 없습니다.
겸손이 없으면 아무도 살릴 수가 없습니다.
마틴 루터는 예수의 제자들은 겸손의 사람들이었다고 말합니다.
토마스 아 켐피스는 매일의 삶 속에 겸손이 있어야 한다고 말합니다.
겸손과 거룩함은 함께한다고 버나드 크라이어바욱스가 말합니다.
겸손은 거룩함의 본질이라고 조너선 에드워즈는 말한 바 있습니다.
어거스틴은 겸손은 행복의 비밀이라고 말합니다.
우리가 기도 응답을 받는 길은
나 자신의 비움을 채우려는 것보다
주님의 영광을 위하여 나 자신의 모든 것을 내려놓는 것입니다.
우리가 모든 것을 주께 내려놓았을 때
주님은 우리의 모든 것을 채워 주시고 넘치게 하십니다.

주님! 이 마음을 완전히 비우게 하옵소서.
그리하여 필요한 모든 것이 넘치도록 채워지게 하옵소서.
우리 주 예수 그리스도의 이름으로 기도 드립니다. 아멘.

38. 시편 11편(1-7)

주님은 내 삶의 터입니다

삶의 근거와 존재가 무너지면
우리는 아무것도 아닙니다.
사람들은 삶의 뿌리가 땅이라고 생각합니다.
사람들은 삶의 근거가 이 세상 물질이라고 생각합니다.
가난하고 없어 본 자일수록
있어도 더 갖고 싶은 탐욕자일수록
이 세상의 것을 삶의 본질처럼 생각합니다.
사람들은 이것이 없거나 부족하면 절망합니다.
사람들은 이것이 적으면 불안합니다.
사람들은 이것이 없으면 죽고 싶다고 말합니다.
서로 이 땅의 것을 차지하려고 전쟁을 합니다.
이것을 많이 가진 자가 승리의 노래를 부릅니다.
많이 가지는 것이 미덕처럼 되어 있습니다.
많이 있어야 행복하고
없으면 불행하다고 생각합니다.
물질이 없는 자는 살 이유가 없는 것처럼
생각하는 사람들이 있습니다.
물질과 자본은 더 많은 것을 생산하게 됩니다.

그래서 더 많이 소유하고 출세를 하면
복을 받았다고 말합니다.
이것이 복음이라고 말하고 생각합니다.
소유는 소유를 부르고
물질은 물질을 부릅니다.
갖지 못한 자는 실패자로 낙인이 찍힙니다.
소유하지 못한 자는 삶의 낙오자로 주변에 머물러 있습니다.
열심히 일하고 혹사를 당하며 일해도
부자가 될 수 없고 소유하지 못하면
능력 부족이라고 치부합니다.

주님! 이 세상에는 과부와 고아와 나그네들이 즐비합니다.
그들은 가진 것이 없고 가질 수도 없으며
그러한 힘도 능력도 없습니다.
그들은 실패한 자입니까?
그들은 인생의 낙오자입니까?
주님은 어찌하여 모든 것을 버리고
몸까지 찢으시어 죄악의 무리들에게 나누어 주셨습니까?
어찌하여 소유를 버리고 아무 것도 가지지 말라
제자들에게 명하셨습니까?
진정한 제자가 되는 길은 너의 형제나 자매나 부모나 혹은
가진 것을 모두 나누어 주고 따르라 하셨습니까?
그것은 지금의 자본주의 사회가 아닌 이천 년 전의 말씀입니까?
능력 있는 자는 더 많이 갖고

능력이 없는 자는 있는 것도 빼앗기는 것이
주님이 말씀하신 제자들의 삶입니까?
그리스도인은 어떤 사람입니까?
주님께서 말씀하신 복은 무엇입니까?
그리스도인의 삶의 터는 무엇입니까?
옳은 자의 터는 하나님의 말씀이요 주님의 품이 아닌지요?
이 세상에 종말이 온다면
저는 주님을 피난처를 삼겠습니다.
이 세상 어느 곳도 어느 누구에게도 안전한 곳은 없습니다.
오직 주님만이 나의 피난처입니다.
하나님께서는 성전에 계시고
주님의 보좌는 하늘에 있습니다.
주님께서 우리의 인생을 살피시고
의인의 삶을 감찰하십니다.
주님은 악인과 폭력을 일삼는 자를 미워하시고
악인에게는 그물을 던지시리니 불과 유황과
태우는 바람이 그들의 잔의 소득이 될 것입니다.
하나님은 의로우사 의로운 일을 좋아하시리니
정직한 자는 주님의 얼굴을 뵈올 것입니다.

사랑의 주님!
결코 악을 도모하는 자리에 가지 않게 하옵시고
악한 자와 함께 길을 가지 않게 하옵소서.
의로운 일을 하는 자와 함께하게 하시고

정직한 삶을 살아 주의 얼굴을 보게 하옵소서
우리의 삶의 터는 주님이십니다.
주님을 떠나서는 한시도 살 수 없습니다.
주님이 얼굴을 돌리시면 살 수 없습니다.
주님은 생명의 근거요 존재의 이유입니다.
주님이 있어 절망을 이기고
주님이 계셔서 새로운 희망을 불태웁니다.
주님은 생명의 힘이요 삶의 원동력이십니다.
주님 없이는 살 수 없습니다.
주님을 만나던 첫사랑을 잊지 않게 하옵소서.
주님을 뵈었던 은혜를 소멸치 않게 하옵소서.
주님 가시는 길에 내가 있고
주님 십자가 있는 곳에 내가 있으며
주님 부활의 장소에 내가 있게 하옵소서.
어둠과 죽음의 세력은 물러가고
주님의 능력을 받아 승리의 찬양 부르게 하옵소서.

주님은 새로운 삶의 시작이요 완성입니다.
주님이 계셔서 행복합니다.
주님이 나의 생애 전부입니다.
주님만으로 나는 행복의 모든 것을 가진 자입니다.
주님과 같이 죽고
주님과 함께 살며
주님은 모든 것을 치유하며

주님은 모든 것을 고치시며
주님과 함께 부활에 이릅니다.
주님은 변함이 없으십니다.

정직이 최고의 정책입니다.
주님은 진실한 하나님이시고
정직한 자를 찾으십니다.
정직한 자는 억울함을 당하여도
주님이 변호하십니다.
주님은 정직한 자와 일하시기를 바랍니다.
이 사회와 우리 모두가
그리고 나 자신이
늘 정직을 행하며
정직한 삶을 도모하며
정직한 열매를 먹으며
하늘을 우러러 한 점 부끄럼이 없게 하옵소서.
이 사회가 부정과 부패와 비리에
누적된 것을 감당하기 어렵습니다.
우리 그리스도인이 먼저 정직한 삶을 살게 하옵소서.
이 정직을 살도록
주님이 나의 영원한 삶의 터가 되어 주옵소서.
우리 주 예수 그리스도의 이름으로 기도합니다. 아멘.

39. 시편 12편(1)

경건하고 신실한 자 되게 하옵소서

사랑의 주님!
오늘날 세계를 둘러싼 역사적 현실이
그리고 지금껏 인류의 긴 역사가
하나님을 모르는 것처럼 살아왔습니다.
악과 선을 분별하거나 구별할 수도 없고
설령 그것을 알았다 하여도
방치하거나 공범자가 되어 눈을 감고 살아온 적이
헤아릴 수 없습니다.
하나님의 말씀과 살아 계신 하나님을
체험하지 않고 이러한 경건을 무시하며
실천하지 않으려 합니다.

우리가 살 수 있는 길은 경건을 회복하는 길입니다.
성경을 중심으로 그 말씀을 삶의 근거와 터로 삼으며
기도를 쉬지 않고
말씀을 주야로 묵상하며
성령을 충만히 받고
주님의 말씀으로 세상과 교회를 섬기며

주님을 향한 예배를 신령과 진정으로 드리고
주님이 말씀하시는 사랑과 정의를 이루며
영혼과 역사의 구원을 위하여
성실한 삶을 살게 하옵소서.

인터넷에 중독된 아이들
노름과 알코올 중독자들
쾌락과 맘몬의 우상에 빠진 자들이 넘실거립니다.
삶을 포기하거나 절망을 이기지 못하여
극단의 길을 가고자 하는 자들도 있습니다.
그러나 생명은 하나님의 것입니다.
어떤 경우라도 생명은 하나님의 허락 없이
좌우될 수도 없습니다.
피를 흘릴지라도 살아야 합니다.
살아 있어야 합니다.

이런 견고한 삶을 살려면 우리는
하나님을 향한 경건한 믿음과 삶을 견지해야 합니다.
하나의 문이 닫히면 하나의 문이 반드시 열립니다.
하나의 길이 막히면 다른 하나의 길이 분명히 있습니다.
그러므로 우리는 신실한 믿음을 갖고
하나님의 말씀과 은총과 믿음의 온전함을 이루어야 합니다.
지금의 모든 문제의 중심은
하나님을 향한 경건과 신실한 믿음이 끊어지고

충실한 자들이 없어지는 것입니다.
주님을 아는 것이 지혜와 지식의 근본이라 하였습니다.

우리의 가정에서
우리의 직장과 조직에서
우리의 교회 공동체가
이 사회 구석구석이
그리고 이 역사가 신실한 믿음을 회복하게 하옵소서.
먼저 내 자신이 경건한 삶과 충실한 삶을 회복하여
본이 되게 하옵소서.
우리 심장이 예수의 심장이 되게 하시고
우리의 마음이 예수의 마음 되게 하시며
우리의 삶이 주님의 거룩하고 합당한 열매를
맺게 하옵소서.
우리 주 예수 그리스도의 이름으로 빕니다. 아멘.

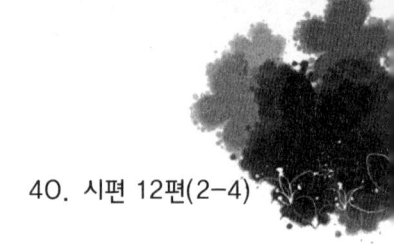

40. 시편 12편(2-4)

아부 아첨 두 마음

생명의 주님!
하나님께서 싫어하시는 것 곧 그 마음에 싫어하시는
예닐곱 가지는 곧 교만한 눈 거짓된 혀
무죄한 자의 피를 흘리는 손
악한 계교를 꾀하는 마음과
빨리 악으로 달려가는 발과 거짓말하는 망령된 증인과
형제 사이를 이간하는 것이라
오늘날 사람들은 각기 이웃에게
거짓말을 밥 먹듯이 합니다.
이 세상은 거짓말이 파도를 치고
큰 폭풍이 되어 불어댑니다.
부부가 서로 거짓을 말하며 비자금을 만듭니다.
서로 거짓된 행동을 하며 외도합니다.
정치 공약이 거짓말로 홍수를 이루며
부모와 자식 간에
직장 동료 간에
선생과 제자 간에
나라와 나라가

기업과 기업이
인간이 자연에게
제사장과 백성이 각기 거짓을 말하고 삽니다.
사람들은 거짓에 진저리를 합니다.
사람들은 거짓에 지치고 피곤하여 등을 돌리고 맙니다.
교육 현장이
문화 장터에서
먹을거리 시장에서
거짓말이 춤을 추며 회오리바람을 일으킵니다.
우리는 결합할 수 없고
하나 될 수 없으며
공동체의 울타리를 만들 수가 없습니다.
강자와 있는 자에게는 아부와 아첨을 하며
힘없고 없는 자에게는 억압과
멸시와 천대를 하며 깔봅니다.
그들의 아부와 아첨하는 입술과
두 마음에는 자랑하는 혀가 있습니다.
주님은 이러한 것들을 다 끊는다 하셨습니다.

그들은 말합니다.
우리의 혀가 이길 것이다.
우리의 입술은 우리의 것이니
우리를 주관할 자 누가 있겠느냐 합니다.
이 세상에는 무서운 것이 너무도 많습니다.

그러나 세 치 혀가 가장 무섭습니다.
거짓말 거짓 증언을 통하여
무고한 생명들이 상처입고 죽음에 처해집니다.
거짓된 입술과 거짓된 혀를 통하여
가정이 파괴되며
기업이 무너지고
나라가 전쟁과 혼돈에 빠집니다.
이라크 전쟁이 거짓 속에 행해져
무고한 생명들이 수없이 죽어갔습니다.
악인은 거짓을 통하여 이간질을 시킵니다.
서로 싸우게 하고
서로 상처를 입히며
원수가 되게 합니다.

진리의 주님!
우리의 입술과 혀를 바르게 사용하며
생명을 살리고 복음을 전하며
상처를 치유하고 기쁨과 희망을 전하는
복음을 위하여 사용하게 하옵소서.
속과 겉이 다른 두 마음으로
거짓되게 사는 것이 아니라
오직 한마음으로 주님을 섬기며
주의 거룩하고 합당한 일을 감당케 하옵소서.
주님은 한마음입니다.

주님은 변함없는 분입니다.
주님은 진리요 진실이며 우리의 생명이고 길이 됩니다.
우리도 전과 같이 오직 한마음으로
주님을 바라보게 하시고
주가 인도하는 한 길 가게 하옵소서.
그곳에 우리가 살 길이 있음을 알게 하옵소서.
병들 때나 건강할 때나
가난할 때나 부할 때나
초막이나 궁궐이나
불평과 원망 없이 주어진 것을 족하게 여기고
자족의 삶과 범사에 감사하는 삶을 살게 하옵소서.
주를 향한 일편단심 한마음 품게 하옵소서.
가난해도 아부와 아첨을 하지 않고
연약해도 한 입술과 혀로
진실과 진리만을 말하게 하시며
주의 진리를 선포하게 하옵소서.
주님은 나의 주시며 우리의 주 되시오니
내 마음이 항상 기쁘고 즐거워합니다.
내게서 어둠과 악이 떠나고
오직 주님을 찬양하는 새 노래만이 울려 퍼집니다.
마음이 즐거우니 질병도 근심과 걱정도 물러가고
주의 은혜와 능력이 충만합니다.
주여 이 종을 통하여 존귀와 찬송과 영광을 받으소서.
우리 주 예수 그리스도의 이름으로 기도합니다. 아멘.

41. 시편 12편(5)

안전케 하시는 하나님

역사를 주관하시고 인간의
생사 화복을 주관하시는 주님!
우리에게 민족과 나라
국가와 사회 그리고 가정과
가족이 있게 하심을 감사를 드립니다.
그리고 함께 살 수 있는 이웃과
일할 수 있는 직장과 친구와 동료가 있음을 감사를 드립니다.
오늘처럼 다시 눈을 떠서
주님의 아름다운 창조의 세계를 볼 수 있도록
생명 주심을 감사를 드립니다.
우리와 이 삼라만상 저 깊은 바다 속에 햇빛을 비추시어
생명이 살 수 있도록 하심을 감사드립니다.

두 다리와 두 팔을 주시어 가고 싶은 곳을 가고 사용하며
악기를 다룰 수 있도록 하시는 은혜에
진실로 감사를 드립니다.
우리에게 너무나도 많은 것을 주시어
험하고 고통스러운 모든 것들을 능히 이기고

승리할 수 있도록 하신 것을 감사드립니다.
고난과 질병을 통하여 주님을 알게 하시고
믿음을 갖고 살게 된 것을 감사드립니다.
부족하기 한이 없는 이 죄인을 용서하시고 주님의 자녀 삼아 주셔서
주님의 복음을 전하게 하신 것을 감사드립니다.
사람이 어떻게 살아야 하는지
어떻게 사는 것이 사람답게 사는 것인지
무엇을 위하여 사는 것이 옳은지를
주의 말씀을 통하여 지혜와 참 지식을 얻고
살 수 있게 하신 것을 감사 드립니다.
우리가 어디에서 와서 어디로 가는 것인지
삶의 출발지와 돌아갈 목적지를 알게 하심을 진실로 감사 드립니다.
썩어질 것에 매이지 않고 허망한 것을 자랑하지 않으며
주님의 길과 진리와 생명의 길을 가게 된 것을 감사 드립니다.

2001년 9월 11일 미국 뉴욕의 맨해튼에 있는
세계 무역 센터 백십 층 쌍둥이 빌딩이
단 1분 만에 엿가락처럼 맥없이 부서지고
6천 명의 생명들이 단번에 목숨을 잃은 것을 보았습니다.
정말 종말이 오는 듯했습니다.
뿐만 아니라 세계 모든 정보의 최첨단을 가지고 있는
미 국방성이 불타고 고급 장교가 수백씩 죽었습니다.
일본에게 진주만 미국 기지를 공격받은 이후
최고의 비극을 당한 것이었습니다.

핵무기뿐 아니라 수많은 살상 무기가 이 세상에 가득 차 있습니다.
저는 그때 속으로 중얼거렸습니다.
이 세상 어디에도 안전한 곳은 없다고 말입니다.

세상살이의 여정은 매우 고달프고 힘든 길입니다.
우리의 수명이 칠팔십이요 강건하면 구십 세 백 세를 살지라도
순식간에 지나갑니다.
그런데 그 길이 사망의 음침한 골짜기를 지나고
깊은 수렁과 웅덩이를 거쳐야 하며
가시에 찔리고 돌뿌리에 채이고
수많은 장벽과 장애물을 넘어가야 합니다.
때로는 원치 않는 질병이 찾아오기도 하고
갑작스런 사고와 가슴 아픈 이별을 해야 할 때도 있습니다.
우리는 사방에 우는 사자들의 우겨쌈을 당하며 살아갑니다.
우리가 믿을 만한 젊음도 잠깐입니다.
우리가 가진 지위나 권력도 언제 사라질지 모릅니다.
자만과 교만은 금물입니다.
우리를 어디에서나 어떤 상황에서라도
안전하게 보호하고 지킬 수 있는 것이 무엇입니까? 누구입니까?
그분은 오직 한 분 살아 계신 하나님이십니다.
그분만이 우리를 보호하시고
그분만이 우리를 지킬 수가 있습니다.
하나님의 품처럼 안전한 곳은 세상 어디에도 없습니다.
우리는 주님의 품에 안겨야 합니다.

주님만이 우리를 안전하게 지키십니다.
이 믿음을 가진 자는 복된 자입니다.

주여, 이 종과 우리의 가족이
이 민족과 이 나라가 주님의 품에 거하게 하옵소서.
교만의 바벨탑을 버리고 은혜로 구원에 이르게 하옵소서.
우리는 확실히 종속된 채로 살아가는 민족과 나라입니다.
이 지구상에 유일한 분단 민족이요, 분단국가로 살고 있습니다.
마치 세계의 역사 속에 운명처럼 살고 있습니다.
우리가 살 수 있는 것은 주님께로 돌아가는 것입니다.
우리가 살 수 있는 것은 주님의 손을 놓지 않는 것입니다.
우리가 살 수 있는 것은 주님의 마음을 품고 사는 것입니다.
우리가 살 수 있는 것은 주님의 말씀에 순종하는 것입니다.

몸이 온전하지 못하면 행복할 수 없습니다.
우리의 영혼이 주님을 향하게 될 때 비로소
주의 생명으로 살 수 있습니다.
실타래보다 더 꼬인 역사의 속내를
우리의 힘으로 풀기에는 역부족입니다.
우리의 가정사 문제
우리의 모든 문제의 열쇠가 주님께 있음을 확실히 믿습니다.
이 천국 비밀을 알게 하옵소서.
우리가 아무리 몸부림쳐도
우리가 온 세상을 다 돌아다녀도

주님의 간섭이 없으면 삶은 결코 어둠의 세력을 이길 수 없습니다.
우리의 행보는 승리할 수 없습니다.
주님의 말씀에 온전히 순종하게 하옵소서.
주의 말씀에 온전히 붙잡히게 하옵소서.
우리 주 예수 그리스도의 이름으로 기도합니다. 아멘.

42. 시편 12편(6)

나를 단련하옵소서

우주 만물의 주인이신 하나님!
오늘도 생명을 허락하심을 감사 드립니다.
감사의 하루가 되게 하옵소서.
모든 사람을 대할 때 주님께 대하듯 하옵시고
모든 사물을 볼 때에 유익한 생각을 하게 하옵소서.
만나는 사람들에게 최고의 친절을 베풀게 하옵시고
만나는 이웃들에게 내 몸처럼 귀하고 존귀히 여기는
사랑의 마음을 갖게 하옵소서.

우리가 집을 지을 때에 여러 가지 재료를 쓰게 됩니다.
크고 작은 나무를 써야 할 때 그 나무를 다듬어 쓰게 됩니다.
기둥을 세우기 전에는 땅을 골라서 수평을 맞추어야 하고
돌을 쓸 때에도 그것들을 다듬어 쓰게 됩니다.
사람이 성장할 때에도 그의 마음과 인격을 잘 다듬어 주어야 합니다.
거기에는 여러 가지 훈련이 필요하고 교육이 있어야 합니다.
가정에서의 교육이 있어야 하고
일정한 학교 교육이 필요하며
사회적 교육도 있어야 합니다.

부모의 인격적 교육과
교사나 선생들의 인성교육이 있어야 하고
다양한 성장과 성숙의 훈련 과정들이 있어야 합니다.

자연스레 자라나는 것도 있습니다.
들에 핀 꽃들이 그러합니다.
숲에 나무들이 자연스레 어울려 자랍니다.
오히려 사람의 욕심이 간섭하게 될 때
자연은 부서지고 망가져 버립니다.
오늘 문명의 한계는 다 사람들의
탐욕의 결과인 것입니다.
하나님 없이 하나님의 노릇을 하고자 한
교만과 오만의 결과가 풀 수 없는
역사의 실타래를 만든 것입니다.
순금이 되려면 금강석을 섭씨 육천도 이상의 불에 녹여야만 합니다.
세상에 그냥 되는 것은 아무것도 없습니다.
삼라만상 우주 만물의 모든 것이 하나님이 보호하시매 존재합니다.
햇빛과 비와 바람이 있어야 나무와 꽃과 풀이
자라고 피며 존재합니다.
맑은 공기와 깨끗한 물이 있어야 살 수 있습니다.
온전한 사람, 온전한 인격이 되려면
세상 풍파와 세상의 온갖 시련의 불 속에서
단련이 있어야 합니다.
특별히 주님의 말씀으로 단련이 있어야 합니다.

기도를 쉬지 않는 단련
말씀으로 거듭나는 단련
세상 풍파를 이겨내는 스스로의 깨달음의 단련
역사의 비바람을 이겨내며 존재할 능력을 키우는 단련
온갖 시험과 유혹을 이길 수 있는 단련 등이 있어야 합니다.
상처를 받고 넘어지고 부서지며
깨어지고 부딪히고 좌충우돌 혼미한 상태에 빠져보기도 하며
밤을 지새워보기도 하고
존재의 의미와 가치를 위한 몸부림을 해 보기도 하며
갖은 풍파와 비바람을 맞아가며 비로소 집을 짓는 재목이 되어갑니다.

그러나 이 모든 과정을 이길 수 있는 힘은
주님의 말씀으로 단련을 받는 것입니다.
복 있는 사람이 되는 길
죄와 악에서 돌아서는 일
교만과 오만에서 겸손을 배우는 일
삶의 진정한 가치와 존재의 의미를 깨닫는 일
이러한 인격의 재목이 되는 길은 주님의 말씀으로
단련 받는 길입니다.

생명의 주님!
우리의 자녀들이
우리의 가정과 우리와 함께 사는 모든 사람들이
주님의 말씀을 듣게 하시고

그 말씀으로 강하고 담대한 삶을 살도록 단련 받게 하옵소서.
성령의 뜨거운 불과 용광로에서 정금과 순금처럼
단련 받게 하옵소서.
세상에는 너무도 뜨거운 유혹과 시험의 불이 많습니다.
절망과 좌절의 불도 많습니다.
우리의 삶을 태우고 우리의 관계를 태우며
잿더미가 되게 할 무서운 사망의 불이 매섭습니다.
우리를 죽음과 어둠으로 몰아대는 무서운 불이 둘러싸고 있습니다.

생명의 주님!
이 모든 사망의 불은 피해 가게 하옵시고
우리를 살리는 성령의 불을 받게 하옵소서.
세상의 더럽고 추한 것들은 태우고
생명의 풍성한 열매 맺는 생명의 불에 싸이게 하옵소서.
주님의 말씀은 티와 허물이 없고
흰 백색 순결하오니
우리의 더럽고 추한 모든 마음 태우고
흙 도가니에서 좋은 자기가 나오듯
우리를 육천도 말씀의 도가니에 연단하소서.
주님 아니시면 이 더러운 오물을 깨끗하게 할 수 없습니다.
주님의 말씀의 도가니에서 펄펄 끓게 하시어
내 영혼을 단련하옵소서.
그리하여 정금보다 더한 주님의 사람이 되게 하옵소서.
우리 주 예수 그리스도의 이름으로 기도합니다. 아멘.

43. 시편 12편(7-8)

우리를 지키소서

생명의 주님!
내가 태어났을 때에는 민족상잔의 화약 연기가
아직도 사방 도처에 흩날리고 있었습니다.
그 속에서 지켜 주신 것을 감사드립니다.
먹을 것이 없던 시절에
우리는 삘기를 뽑아 먹고 찔레를 따먹으며
허기진 배를 움켜쥐었습니다.
많은 아이들이 전쟁으로 부모를 잃고 고아가 되고
많은 부인들이 남편을 여의고 과부가 되었습니다.
천만의 이산가족들이 나그네 되어 살았습니다.
부산의 자갈치 시장에서
서울의 골목길에서 추위와 싸우고
북풍한설과 서리를 맞으며 살아왔습니다.
모진 비바람 세상풍파를 견디고
이렇게 살아왔습니다.
산과 들의 나물로 밀겨와 보리죽
그리고 양키가 주는 초콜릿과 쓰레기더미에서 건진
꿀꿀이죽으로 연명해 갔습니다.

모든 생명체는 영양을 섭취하고
햇빛을 받으며 비와 바람을 맞으며 살아갑니다.
사람들은 특히나 주님의 말씀의 빛을 받지 아니하면
살아갈 수가 없습니다.
전쟁으로 두 다리를 잃은 고아들과
남편을 잃은 아내들, 고향과 가족을 잃고 살아가는
떠돌이 나그네들을 지켜 주심을 감사드립니다.
언젠가 물속에 빠져 허우적대며 죽음으로 가는 저를
살려 주심을 감사 드립니다.
공장에서 불로 온몸을 화상 입고도 이렇게
멀쩡히 살 수 있게 하심을 감사 드립니다.
산업화 과정에서 너무도 열악한
삶의 환경에서 죽도록 일해도 희망을 잃고
마침내 폐병이 들어 생명이 촌각을 다투고
모든 사람들과 세상으로부터 멸시와 천대 속에서
버림을 당하였을 때 어머니를 통하여 다시 살고
주님께서 나를 불러 십자가의 거룩한 보혈과
성령의 뜨거운 불로 모든 병균을 태우시고
다시 새 생명을 살게 하심을 감사 드립니다.

차가 칠중추돌을 당했을 때에도 저를 지켜 주시고
심방 길에 차가 반파되었을 때에도
머리털 하나 상하지 않게 하셨으며
애틀랜타의 얼음 폭풍 위의 빙판길에서

차가 완전히 휴지 조각이 되어 사망의 문턱까지 갔다온
저를 살리시고 지켜 주신 것을 진실로 감사 드립니다.
아내가 창자를 다 잘라내고도 살게 하셨으며
숱한 잠 못 이루는 시간들의 번뇌 속에서도
지금껏 온전케 해 주심을 진실로 감사 드립니다.
아무 관계도 없는 사람들의 중상모략과
우는 사자같이 물어뜯는 올무와 수렁에서도
저를 건지시고 주를 향한 믿음을 지키게 하시니 감사를 드립니다.

주님은 나를 지키시는 분이십니다.
낮이나 밤이나 나의 출입을 지키시고
일을 할 때나 잠을 잘 때에도
저를 안전하게 하십니다.
주님은 생명을 지키시고
나의 분깃을 지키시며
절망의 벽에서도 나를 지키시는 분입니다.
내가 평안히 자고 일어나 행복을 구가하도록 하십니다.
주여 나와 우리 가정과 자녀를 지키시고
이 민족과 나라를 지키시며
이 지구와 세상을 지켜 주옵소서.
이 땅과 바다를 지키시며
주께서 창조하신 모든 생명들을 지키시옵소서.
나와 우리가 사망의 음침한 죽음의 계곡을 지날 때라도
우리를 지키시고 찬양과 영광을 받으시옵소서. 아멘.

44. 시편 13편(1-6)

오직 주의 사랑

이 세상에는 사랑의 이야기가 너무 많습니다.
그중에서 첫 번째 사랑은 부모님의 사랑입니다.
부모가 된 것은 천륜이라 하였습니다.
하늘이 맺어 준 것입니다.
누가 부모와 자식의 관계를 끊을 수 없다는 말입니다.
제국주의 시대가 지구촌을 뒤덮던 식민지 확장의 시대에
아프리카의 일억 명의 인구를 아메리카 시장에서
짐승처럼 사고 판 시대가 있었습니다.
그때에 피부가 검고 문명을 알지 못하는
검은 피부를 가진 아프리카의 가족들은
미국 남부의 백인 목화 농장주들과 전국 지주들에게
사람이 아닌 재산 목록으로 천지 팔방으로 팔려 나갔습니다.
거기에 가족은 없었습니다.
거기에 부모와 자녀의 천륜은 깡그리 짓밟히고 없었습니다.
백인 농장주의 계산에 의해서
가족나무는 여러 갈래로 찢기어 갔습니다.
지금도 미국 남부 지역 앨라배마, 미시시피, 루이지애나, 텍사스 주 등 각처에는 이러한 흑인 노예 시장의 흔적들이 그대로 남겨져 있습니다.

히틀러의 아리안 민족 우월주의와 정신적 초인의 바벨탑 교만으로 저질러온 육백만 유태인 학살과 아메리카를 신의 이름으로 정복한 청교도 후예들에 의한 원주민 인디언들의 멸종 상황, 일본 군국주의의 동북아 태평양 침략과 한반도 식민지 침략의 야욕으로 우리의 가정은 너무도 많은 슬픈 이야기들을 갖고 있습니다.
6·25 전쟁으로 수백만 가족이 죽고
수백만의 고아와 부상자들이 생겨나고
천만의 가족들이 생이별을 하며
어여쁜 딸들이 전쟁 위안부로 강제로 끌려가
삶이 산산 조각나고
대를 이을 자식이 전쟁의 총알받이가 되어
이름도 소식도 없이
어느 산야의 숲에 묻혀
부모의 가슴은 까맣게 멍들고
애간장이 다 녹아내려 없어졌습니다.
광주의 학살로 부모의 마음은 천 갈래 만 갈래가 되고
이 땅의 가족은 온전할 겨를이 없었습니다.

사탄과 어둠의 세력들은 우리를 사방에서 노려보고 있습니다.
이념의 이름과 갖가지 유혹을 통하여
그리고 심지어는 사랑이란 이름으로
우리를 덫에 걸리게 하려 합니다.

민주와 평등의 이름으로
어느 때는 정의와 공의라는 이름으로
어느 때는 진보와 보수의 이름으로
어느 때는 민족과 국가라는 이름으로
어느 때는 신의 이름을 내세워 우리의 가족을 떼어 놓으려 합니다.
우리는 우리의 가족을 이러한 것들에게서
참과 거짓을 분별하는 능력으로
지켜내야 합니다.
그것은 살아 계신 하나님과 우리를 죄악으로부터 구원하시는
예수 그리스도만이 가능할 것입니다.
부모의 자식에 대한 사랑은 계산할 수 없습니다.
그리고 이성을 통한 사랑 이야기
우정을 나눈 사랑 이야기
이웃끼리의 사랑 이야기 등
수많은 사랑 이야기가 역사의 페이지를 채우고 있습니다.
그러나 어느 때는 부모도 자식을 책임지지 않을 때가 있습니다.
이성간의 사랑은 더더욱 그렇습니다.
갈대처럼 흔들리는 인간들의 사랑을 끝까지 믿고 살 수는 없습니다.
인간의 사랑은 너무도 연약합니다.
오직 하나님의 사랑만이 어제나 오늘이나 동일합니다.

하나님의 사랑은 측량할 길 없고 신묘막측합니다.
부모는 아이를 버릴지라도 하나님은 버려진 자를 받으십니다.
저는 오직 주의 사랑을 의지하며 살았고 앞으로도 그러하옵니다.

주의 사랑을 아는 자만이 가족을 진실로 사랑하며
이웃을 생각하고 세계의 평화를 위해서 기도합니다.
주님의 사랑을 받게 된 것을 진실로 감사를 드립니다.
주님의 사랑을 알게 된 것을 감사드립니다.
세상에 강자의 폭력이 널려 있지만
주님이 가장 큰 강자임을 믿고 의지합니다.
어둠과 거짓된 세력이 우리를 무너뜨리려 하지만
주님의 사랑이 있으니 두려울 것이 없습니다.

사랑의 주님!
저를 영원히 잊지 마옵시고
주의 얼굴을 내게서 숨기지 마옵소서.
나의 영혼이 번민하고 종일토록 마음에 근심하지 않도록 하시며
나의 원수들이 나를 조롱하지 않게 하옵소서.

생명의 하나님!
나를 생각하사 응답하시고 나의 눈을 밝히시어
나로 하여금 사망의 잠을 자지 않게 하옵소서.
내가 흔들리는 것을 보고 원수들이 기뻐하지 않게 하옵시며
오직 주의 사랑을 의지하는 저를 음부의 어둠에서 구하시고
주의 구원을 기뻐하며 찬양케 하옵소서.
내가 주님을 찬송하는 것은
주가 매순간 나를 구원하심을 알기 때문입니다.
주님은 진정 사랑의 하나님이십니다.

오직 주의 사랑을 의지하며 구원의 반열에 서게 하옵소서.
우리 주 예수 그리스도의 이름으로 기도합니다. 아멘.

45. 시편 14편(1)

어리석은 자를 면하게 하소서

사람들은 사리를 밝혀 일을 슬기롭게
처리해 가지 못하는 경우가 허다합니다.
앞의 작은 이익을 위하여 돌이킬 수 없는
큰 것을 잃는 경우가 너무도 많습니다.
사물의 도리나 이치를 잘 분별하는 정신력을
상실할 때가 너무 많습니다.
뱀처럼 슬기롭고 비둘기같이 순결하지 못하여
일을 그르치는 일이 다반사입니다.
작은 일에도 화가 치밀어 올라 참지 못하고
분노가 들끓어 미래를 보지 못하는 때가 너무도 많습니다.
무엇이 옳고 그른지를 몰라 시시비비를 가리지 못하고
닥쳐올 고난과 고통을 예견하지 못합니다.
복이 들어오려 해도 문을 열지 않고 닫아버립니다.
구하면 받을 수 있고
찾으면 만날 수 있으며
문을 두드리면 열리리라 하였는데도 아무것도 하지 않은 채로
탄식하며 한숨만 쉬고 있습니다.

시작이 반이다 하였습니다.
네 침상을 들고 일어나 걸으라 하였습니다.
움직이지 않고는 구하고 찾지 않고 문을 두드리지 않고는
우리가 얻을 수 있는 것은 아무것도 없습니다.
머리에만 있고 몸과 손발이 움직이지 않는 것은
좋은 결과를 기대할 수 없습니다.

기도는 움직이는 것입니다.
기도는 살아 있는 것입니다.
기도는 행동하는 것이고 실천하는 것입니다.
하나님은 산 자의 하나님이십니다.
죽은 정승보다 살아 있는 개가 낫다 하였습니다.
우리는 만나야 합니다.
우리는 소리쳐야 합니다.
침묵은 그다음입니다.
의미 없는 침묵은 죽은 것입니다.
사랑은 말이 아닙니다.
사랑은 명사가 아니라 움직이는 동사일 때
의미와 가치가 살아납니다.
정의는 말로써 이루어질 수 없습니다.
정의는 양심 있는 행동으로만 그 성과를 예견하게 됩니다.
정의는 정적인 것이 아니라 동적인 것일 때만 변화를 초래합니다.

인간은 한없이 어리석은 존재입니다.

그 어리석은 자는 마음으로 이렇게 말합니다.
하나님이 없다, 우리 눈에 보이지 않는 하나님이
어디 있다는 것인가?
하나님이 있다면 역사가 이렇게 모순덩어리란 말인가?
종교는 일종의 아편일 수 있습니다.
물론 이렇게 말한 칼 마르크스나 엥겔스는
그 당시 자본가의 착취로 인한 인민 대중과 민중의
피폐한 현실을 보고 한 말입니다.
자본의 독점으로부터, 경제의 독점으로부터
인간의 해방 논리를 설파한 것입니다.
정치의 독재와 경제의 독점과 사상의 독단은 나와 우리 모두를
역사의 어둠과 멸망의 경지로 몰고 가는 가장 큰 죄악입니다.
자신이 최고가 되고자 하는 악이 우리의 마음을 사로잡을 때
역사는 죽음의 수렁과 깊은 웅덩이로 빠져들어 갑니다.
자신의 혈육과 지연, 학연의 굴레를 넘지 못하고
자신의 부귀영화를 위하여 거짓으로 모든 자를
이용하려 드는 자들에 의하여 역사의 정의의 보(洑)는 무너지고 맙니다.
가장 최고의 악을 행하는 사업은 동료 인간을 담보로
신의 이름을 빌어 자기 뱃속을 채우는 장사치입니다.
같은 동료를 무참히 살인하고도
반성과 회개를 모르는 자는 악마의 화신입니다.
이는 진실로 하나님으로부터
징계를 받을 일순위입니다.

하나님을 모르는 자
하나님을 알고자 하지도 않는 자
아니 하나님을 알고도 모르는 체하는 자
하나님의 영광을 송두리째 가로채는 자
하나님의 이름으로 하나님의 사람들을 착취하는 자
이들은 멸망의 선두에 서 있는 자들입니다.
그러므로 우리는 하나님을 알아야 합니다.
하나님을 알기 위하여 그의 말씀을 알고
성령을 받기 위하여 땀 흘려 기도해야 합니다.
우리가 이 세상 모든 것을 가졌다 하여도
하나님을 알지 못하면 우리의 삶은 헛된 것입니다.
하나님은 누구신가.
우주 만물과 인간을 창조하신 창조주이십니다.
하나님은 모든 역사를 주관하는 주인이시며
인간의 생사 화복을 주장하십니다.
하나님은 예수 그리스도를 통해 알게 하십니다.
하나님은 성령을 통해 알게 하십니다.
하나님은 삼위일체의 하나님이시며
태초 이전부터 지금과 영원까지 우주 만물의 주인이십니다.
하나님이 없다면 인간들은 어떤 악한 일도 다 할 수 있습니다.
하나님이 없다면 인간들은 절대로 반성이나 회개를 하지 않습니다.
하나님이 없다면 새로운 역사 창조와 희망의 미래는 기대할 수 없습니다.
그러므로 하나님이 없다고 말하는 자는 가장 어리석고 불쌍한 자입니다.
우리는 역사의 주인이신 하나님을

이 세상에 알리고 가르칠 필요가 있습니다.
아니 가르쳐야 합니다. 그것은 우리의 소명이고 사명입니다.
하나님이 없는 자는 이미 죽은 자입니다.
하나님이 없다 하는 인간들의 행사가
다 가증스럽고 심히 부패하며
선을 행하는 자가 하나도 없습니다.

주여! 저들을 불쌍히 여기소서.
죽은 자라도 하나님이 함께하시면 다시 살 수 있습니다.
역사와 우주 만물의 주인이신 하나님!
우리가 하나님이 없다고 말하는 어리석은 자 되지 않게 하옵소서.
우리 주 예수 그리스도의 이름으로 기도합니다. 아멘.

46. 시편 14편(2-5)

하나님을 찾는 자

하나님이 없다 하는 자들 중에는 여러 종류가 있습니다.
지금까지 하나님을 만나보지 못하거나 보지도 듣지도
정말 알지 못하는 자들입니다.
두 번째는 하나님을 알고 보니 현실과는 다르고
자기 생각대로 움직여 주지 않는 것입니다.
그래서 하나님은 없다고 단정하는 부류들입니다.
세 번째는 하나님을 이성과 지식
과학적으로 탐구하거나 연구한 결과 하나님의 존재는 없다는
결과에 도달하게 되는 소위 식자층입니다.
첫 번째 하나님을 알지 못하여 부인하는 사람들은
그들의 조상이나 전통적 관습이나 문화를 숭상합니다.
그들이 아는 하나님은 하늘입니다.
밤과 낮의 하늘이 있고 낮의 하늘을 지배하는 것은 태양이며
밤의 하늘을 다스리는 것은 달과 별들입니다.
낮과 밤의 하늘은 너무 멀리 있습니다.
그것은 신비롭고 가까이 다가설 수 없는
땅의 생명을 살리는 그 무엇입니다.
그들의 실생활을 지배하고 다스리며 직접 영향을 미치는 것은

땅과 바다의 신들입니다.
그 땅과 바다의 자연 속에 인간의 삶을 간섭하고 삶의 운명을 좌우하는 신들이 있다는 것입니다.
예를 들면 바다에는 용왕이라는 바다 신이 있고
땅에는 정자나무 밑에 서낭당 신이 있으며 또 그 신을 움직이는 주술자들이 있습니다.
인간은 종교적 존재입니다. 다시 말하면 무엇이든 의지하고 살아야 할 나약한 의존적 존재라는 것입니다. 이것이 종교학에서 말하는 종교의 필요성과 현실성입니다. 나무와 해와 달과 별을 의지하든 바다의 용왕을 의지하든 간에 인간은 이성을 가진 만물을 다스리는 영장이 아니라 무엇인가를 의지하지 않으면 살 수 없는 지구상의 그 무엇보다도 나약한 존재라는 것입니다.
그것이 권력이든 물질이든 명예든 간에 무엇인가를 붙잡거나 그것에 붙들려 미쳐서 살아야 합니다. 때로는 마약이나 알코올에 붙잡히고 때로는 향락이나 쾌락에 붙들리지 아니하면 정상적 삶을 살 수 없는 것이 인간의 실존이며 현존입니다.
그런데 어리석은 것은 땅과 바다, 낮과 밤의 해와 별들을 창조하고 있게 하시는 하나님을 알지 못하고 썩을 것들을 신으로 의지하려 한다는 것입니다.
어떤 부류들은 나를 의지하고 자신의 건강 그리고 힘을 신처럼 의존하며 삽니다. 그리고 자신이 쓰러지면 그것과 함께 흔적 없이 사라집니다. 정말 덧없고 허망한 신을 믿고 살다가 죽어가는 것입니다.
불교, 이슬람, 기독교(구교와 신교)와 유대교 등 소위 인류의 4대 종교가 있습니다. 그것이 말하는 구국의 신은 창조주입니다. 창조주는 하나님입니다. 우주 만물을 만드시고 다스리시며 역사를 주관하시고 인간의 생사 화복을 주장하시는 태초 이전부터 지금까지 그리고 영원히 계시는 하나님 말입니다.

다시 말하면 창조주 말고는 모두 신이 아니라 피조물에 불과한 것입니다. 하물며 문선명이나 박태선, 신천지 같은 인간들을 속이는 모든 것들은 한마디로 티끌과 먼지로 돌아갈 한 치의 가치도 없는 것들입니다. 우리는 하나님을 알아야 합니다. 우리에게 주신 하나님의 말씀 성경을 통하여 오직 한 분이신 창조주를 알고 그를 의지하며 그 사랑을 의지하고 이 세상의 모든 죄악을 이기며 최후의 승리를 해야 합니다.

하나님은 살아서 우리 곁에 계십니다. 그를 구하고 찾고 문을 두드리면 아무 조건도 없이 우리를 맞아 주십니다.

그런데 하나님께서 하늘에서 인생을 굽어 살피시고 지각이 있어 하나님을 찾는 자가 있는가 보려 하신즉 다 치우쳐 더러운 자가 되고 선을 행하는 자가 하나도 없다 하였습니다. 죄악을 행하는 자는 다 무지하고 그들이 떡 먹듯이 하나님의 백성을 먹으면서 하나님을 부르지도 찾지도 않는다 하였습니다.

백성이나 제사장이나 권력자나 있는 자나 없는 자나 다 맘몬의 우상 앞에 절하고 그 술에 취해서 함께 타락의 길을 갑니다. 하나님은 그를 두려워하는 자들 안에 계십니다. 하나님을 두려워하는 자들이 의인입니다.

살아 계신 하나님!
우리가 하나님을 바르게 알고 주님을 두려워하는 자 되게 하옵소서.
우리가 섬기고 의지하는 것들이 다 썩고 쇠하며 티끌과 먼지로 돌아가

는 것인 줄 알고 오직 주님만이 우리를 고치고 낫게 하며 진정한 자유
와 해방을 주시는 하나님인 줄 알게 하옵소서.
우리가 하나님을 찾게 하시고 찾을 때에 외면치 말고 만나 주옵소서.
우리의 자녀가 하나님을 없다 부인하지 않게 하옵시고
우리의 가정이 하나님을 의지하며 살게 하옵소서.
우리의 탐욕과 소유의 욕심을 내려놓고
진실로 함께 사는 기도를 실천하게 하옵소서.
이 민족이 하나님을 알게 하시고 찾게 하옵소서.
우리를 둘러싼 악의 세력들이 하나님 두려운 줄 알게 하시고
다시는 생명을 대량으로 살상하는 전쟁의 꿈을
실현치 못하게 하옵소서.

진정한 평화
살아 있는 정의
모두가 사는 나눔이 매 순간 주님의 나라를 이루게 하옵소서.
그리스도인 된 교회 공동체가 주님의 뜻을 회복하여 주의 뜻을 이루는
새 역사가 임하게 하옵소서.
우리 주 예수 그리스도의 이름으로 기도합니다. 아멘.

47. 시편 14편(6-7)

가난한 자의 피난처

사랑의 주님!
이 세상에는 가난으로 힘겨워하는 사람들이 너무도 많습니다.
자식들을 낳아 어렵게 키웠지만 늙어 홀로 된 가난한 노인들이
죽을 수 없어 목숨을 부지한 채 살아가는 이들이 많습니다.
백년가약을 맺은 가정이 흩어진 채로 홀로 살며
상실감과 삶에 짓눌리어
가난을 살고 있는 사람들이 있습니다.
사업이 부도나서 모두 떠나가고 삶이 버거워
고통을 삼키기도 어려운 자들도 있습니다.
집과 재산이 다 화마에 타버리고 넋을 잃은 채로
하루를 살기 힘든 자들도 있습니다.
사랑하는 남편 아니 아내를 먼저 보내고 가난을 살며 삶의 허무를
달래지 못하는 이들도 많습니다.
사랑하는 아들 아니 딸이 아무런 말도 없이
먼저 하늘의 품으로 간 후에 그들을 가슴에 묻고 말 못할 눈물 흘리며
가난을 사는 이들도 있습니다.
갑작스런 사고들(차, 배, 비행기, 오토바이 등)로 인하여
신체의 부분을 잃고 사는

가난한 이들도 많이 있습니다.
그들은 병들어도 병원에서 치료할 수 없고 좋은 약을 살 수도 없으며
편히 쉴 수도 없습니다.
그들은 하늘을 의지할 수밖에 없습니다.
가난은 육신뿐 아니라 정신과 영혼까지 병들게 합니다.
그들은 추위도 피할 수 없고 더위도 식힐 수가 없습니다.
부자들과 힘 있는 오만한 자들은
그들을 멸시하고 천대하는 눈으로 바라봅니다.
이래저래 살면서 갖가지 병이 들어
가난에 가난을 덮어쓰고 사는 자들도 많이 있습니다.
최소한의 생계도 유지할 수 없고
최소한의 삶도 지탱하기 어려운 사람들이
이 사회에 지구 구석구석에 널려 있습니다.
정치적 내란으로 나라도 없이
떠도는 난민들이 널려 있습니다.
그들은 거처도 없고 먹을 것도 없으며 단 한 시간도 지탱하기 어려운
죽은 목숨처럼 사는 참으로 가난한 나그네들입니다.
부자의 곳간과 나라, 사회에서는 버려지는
잉여 음식들을 처치하기 너무도 어려운데
강대국들은 서로의 탐욕과 자기 이익을 위하여
엄청난 무기를 만드는 데
천문학적 물질과 돈을 쏟아 붓는데도
이 세상의 곳곳에서는 먹을 음식과
거처할 곳이 없어 한 많은 가난을 살고 있습니다.

화려한 예배당, 궁궐 같은 절간들, 회당들, 엄청난 성당들
웅장한 모스크가 위용을 자랑하고 있지만 내일을 기약할 수 없는
가난한 이들은 하늘만을 응시하고 있습니다.
그들은 하늘의 단비를 기다립니다.
하늘의 은혜를 기다립니다.
세상에는 의지할 것이 없어서 하늘 문이 열리고
하늘의 보화가 내려오기를 기다립니다.
부자와 힘 있는 자들은 말합니다.
그들은 게으르고 노력을 하지 않는다
그들은 능력이 없다
그들은 천운이 없다
그들의 삶은 숙명이다 말합니다.
그들은 삶의 중심에서 변두리 변두리로 밀려났습니다.
가난한 자 힘없는 자
병든 자들은 지금도 주변으로 밀려나고 있습니다.
가난은 임금도 해결 못한다 합니다.

사랑의 주님!
가난한 자의 피난처가 되는 것을 믿고 감사를 드립니다.
공수래공수거 빈손으로 왔다 빈손으로 가는 초로의 삶인데
사람들은 더 많은 것을 가지려 합니다.
주의 말씀이 세상을 덮어가고 있지만
여전히 탐욕자와 가난한 자는 많습니다.

생명의 주님!
주님은 가난한 자의 피난처가 되십니다.
힘 있는 자와 부자들이 가난한 자의 계획을 부끄럽게 합니다.
그러나 주님은 가난한 자의 피난처가 되십니다.
있는 자들이 가난한 자의 모든 것을 빼앗고도 모자라
그들의 생명까지도 노립니다.
가난한 자들은 피난처이신 주님께로 달려갑니다.
아무리 가난한 자의 계획을 부끄럽게 할지라도
하나님은 그들의 피난처가 되십니다.
그들이 막다른 골목과 절벽에 설지라도
주님은 피난처가 되어 새로운 힘을 갖도록 허락하십니다.
하나님이 선택하신 백성들은 그 구원이 시온의 피난처에서 오며
그들을 사망과 죽음의 포로 된 곳에서 돌이키시고
믿음의 조상 야곱이 즐거워하며 그 백성들이 즐거워할 것입니다.

사랑의 주님!
주님은 우리의 피난처가 되시옵소서.
이 땅에서 어떤 이유로든지 가난한 자의 소리를 들으시고
그들의 피할 바위가 되어 주십시오.
우리 주 예수 그리스도의 이름으로 기도합니다. 아멘.

48. 시편 15편(1-5)

누가 주의 장막에 거할 수 있습니까?

역사를 주관하시는 주님!
주님은 강한 애굽으로부터
바다를 가르고 주의 백성을 구하셨습니다.
물을 건너온 백성들은 뜨거운 사막 길을 갈 때는
구름기둥으로 그늘을 만들어 서늘하게 하시고
불 뱀과 맹수가 들끓는 어두운 밤길을 갈 때에는
불기둥으로 길을 밝혀 주셨습니다.
그 살인 같은 햇빛이 내리쬐일 때
목마름을 풀어 주시려고 바위를 쳐 물을 내시고
배고파 굶주림을 느낄 때는
만나와 메추라기로 배를
채워 주셨습니다.
고단한 길을 가며 쉬게 할 때는 장막을 주시어
휴식을 취하게 하셨습니다.

누가 주님의 장막에 거할 수 있습니까?
누가 주님의 거룩한 성산에 머무를 수 있습니까?
정직하게 행하며 공의를 실천하며

그의 마음에 진실함을 말하는 자라고 하십니다.
우리가 있는 교회당과 예배당이
주님이 거하는 주의 거룩한 장막이며
주의 거룩한 성산인지 모르겠습니다.
오늘의 그리스도인들이 정말 하나님과 역사와 사람 앞에서
민족과 사회 이 세상에서 진실로 정직을 행하고 있는지 모르겠습니다.
우리가 진실로 공의를 실천하는지도 모르겠습니다.
우리의 마음에 진실만을 말하고 있는지도 모르겠습니다.
우리의 혀로 남의 허물을 말하지 아니하고
우리의 이웃에게 악을 행하지 아니하며
그의 이웃을 비방하지 아니 했으면 합니다.
우리가 망령된 자를 멸시하며
하나님을 두려워하는 자들을 존대하고
그의 마음에 서원한 것은 해로울지라도
지킬 줄 아는 신의를 회복하고
가난한 자에게 이자를 받으려고 돈을 꾸어주지 아니하며
뇌물을 받고 무죄한 자를 해하지 않는 자가 되게 하옵소서.

우리 사회는 정직의 기둥이 무너진 듯합니다.
우리 사회는 진실을 말하는 자가 사라진 듯합니다.
우리는 공의를 실천하는 자가 없는 듯합니다.
우리는 세 치의 혀로 남의 허물을 눈처럼 부풀려 말하고
이웃이 없는 듯 이웃에게 갖은 악과 폭력을 행하고 있습니다.
우리의 현실은 이웃을 비방하기 위하여 사는 듯합니다.

우리의 오만하고 교만한 눈은
하나님을 두려워하는 자들을 존대하지 않습니다.
사람들은 약속을 어기는 일을 밥 먹듯이 하고
심지어 하나님께 서원한 것을 헌신짝처럼 생각합니다.
부자는 가난한 자의 단 하나의 겉옷마저 빼앗으려고 돈을 꾸어 주며
정치·경제·사회·문화·교육·종교 전 영역에서
뇌물을 받고 무죄한 자를 해치는 일들이 홍수를 이루고 있습니다.
특히 정의를 이루어야 할 판검사와 인권을 변호해야 할 변호사가
하나가 되어 돈을 받은 액수대로 법을 집행하여 힘없는 자가
억울한 일을 당하기 일쑤입니다.

생명의 주님!
우리가 진정으로 거할 수 있는 장막이 있게 하옵소서.
우리가 거룩한 성산에서 주님을 찬양할 수 있게 하옵소서.
우리가 마음에 진실을 말하고 공의를 실천하며
세 치의 혀로 남의 허물을 말하지 말며
이웃에게 악을 행하지 않게 하옵소서.
이웃을 비방하며 즐거워하지 말며
약속과 서원과 신의를 생명처럼 지키는 풍토가 되게 하옵소서.
뇌물을 받지 않는 원칙과 양심이 살아 있게 하옵시고
부자가 약자의 마지막 소유를 빼앗지 않게 하시며
인간의 창조적 본성이 회복되게 하옵소서.
우리 주 예수 그리스도의 이름으로 기도합니다. 아멘.

49. 시편 16편(1-2)

주님은 나의 복입니다

우리는 복 받기를 매우 갈구합니다.
과거에는 자손이 많은 것이 복이기도 했습니다.
많은 사람들은 재물의 복을 원합니다.
이유와 과정이 어떠하든 많이 소유하는 것이
복을 받은 것이라고 생각합니다.
또한 사람들은 장수하며 건강하게 사는 복을 바랍니다.
사람들이 소망하는 복은 여기에 그치지 않고
많은 사람들에게서 존경을 받는 명예가 있기를 바랍니다.
이 모든 것이 존재보다는 소유와 관련이 있습니다.
사람들이 이렇게 많은 것을 소유하고자 하는 것은
무엇인가 불안하기 때문입니다.
먹을 것을 곳간에 많이 쌓아두지 않으면
굶주릴 것 같은 불안을 느낍니다.
무엇인가 권력을 갖고 있지 아니하면
누군가에 의해서 당하고 살 것 같은
불안이 스며듭니다.
실제로 먹을 것이 없어 굶어 죽는 사람들이 도처에 있습니다.
이 나라 이 사회에도 있고 세계 도처에 널려 있습니다.

사람들이 원하는 것 중 또 하나는 강하고 무서운 무기입니다.
저 북한이 핵을 주장하는 것은, 사실은 자신의 생존을 위한
하나의 수단이라고 생각하는 것입니다.
불안한 것입니다.
물론 무기는 단지 불안해서가 아니라
정복과 지배 혹은 침략하기 위한
폭력의 야욕에서 가지고자 하는
인간의 근원적 불안 요소이기도 합니다.
강자라는 교만과 과시적 자료인 것입니다.
마치 수컷들이 암컷을 차지하기 위하여
자기 힘을 나타내려는 것처럼 말입니다.
어찌되었든 사람들은 많은 재물의 소유
건강하며 오래 사는 것
큰 권력과 명예를 가지는 것 등의 복을 원하고 있습니다.
두 사람만 모이면 경쟁하고 싸우는 일이 비일비재합니다.
어떤 조직이든 주도권 싸움이 있습니다.
조직의 주도권을 갖기 위하여 못할 일이 없습니다.

자손이 없으면 칠거지악(七去之惡)과
삼종지도(三從之道)의 법 때문에
조선의 여인들은 소박을 맞고
한 나라의 국모요 왕비라도
인간다운 대접을 받지 못하였습니다.
자식이 부모를 잘 만난 것도 복이요

부부의 복, 자식의 복 모두가 세상에서 잘 되는 것이
복이라 믿고 그것을 바랍니다.
좋은 나라에서 태어나는 것도 큰 복이라 생각합니다.
좋은 시대에 사는 것도 복이 됩니다.
좋은 사람 만나는 것은 삶과 일생의 복입니다.
우리는 복 받기를 바랍니다.
복 받기를 위하여 밤을 새워 기도합니다.
복 받기를 위하여 금식하며 기도합니다.
부자가 되는 복
건강하고 장수하는 복
자식이 잘 되고 좋은 배우자를 만나며 좋은 직장을 다니고
사회적 지위를 통해서 존경까지 받는 복을 원합니다.
그런데 사람들이 그렇게도 원하는 복을 받기 위해서
노력해온 오늘의 문명은 사람들의 미래를 불확실성으로 몰고
진전한 복의 원천이 무너지고 있는 것을 보게 됩니다.
삶의 근원인 땅과 바다는 썩고 오염되며
지구를 수십 번이고 잿더미로 만들 핵무기와 가공할 무기를
쉬지 않고 경쟁적으로 만들고
개발 명목으로 마구잡이식 자연 훼손으로
지구 온난화와 알 수 없는 재난들이
인류를 공포로 몰아가고 있습니다.
하나님의 창조 질서를 무시하고 하늘에 역천하여
복을 억지로 얻고자 하는 것입니다.
우리는 자연과 싸우며 문명을 만들어 왔습니다.

자연의 삶을 미개로 치부하고
끝없는 과학과 학문을 통하여 이룬 문명은
긍정적인 면도 있으나 부정적 결과도 많습니다.
우리는 탐욕과 소유를 그치고
새로운 정신적 영적 영역을 만들어가야 할 것입니다.

하나님이여 나를 지켜 주소서.
내가 주께 피하나이다.
내가 하나님께 아뢰되 주는 나의 주님이시고
주님밖에는 나의 복이 없다 생각합니다.
이 세상의 모든 것을 다 가진다 해도
주가 없이는 한시도 살 수 없습니다.
내 육신이 건강하고 모든 명예를 다 가진다 해도
주님이 계시지 않으면 설 수 없습니다.
주는 나의 주인이시요
모든 것을 만드신 분이요
그 모두를 주관하시는 분이십니다.
주여 나를 떠나지 마옵시고 끝까지 붙드옵소서.
주는 나의 복의 근원이십니다.
우리 주 예수 그리스도의 이름으로 기도합니다. 아멘.

50. 시편 16편(3)

존귀한 자

예수 그리스도를 영접하는 자는
하나님의 자녀가 되는 권세를 가집니다.
세상에서의 지위나 신분이 어떤 위치에
있었는지는 전혀 문제가 되지 않습니다.
그리스도 안에 있는 자들은 모두가
지위나 신분이 높고 귀하게 된 것입니다.
그것은 하나님의 말씀 아래서의 약속입니다.
이 세상 모든 사람들은 신분이 높고 귀하게 되기를 바랍니다.
과거의 신분과 계급이 지배하던 시대에는
능력과 자신의 삶과는 상관없이 존귀한 자와 천한 자가
어머니 뱃속에서부터 정해져 있었습니다.
매우 불행한 시절이었습니다.
지금도 거대한 8억이라는 인구가 살고 있는
인도에는 카스트라는 신분 계층을 가르는 계급이 존재합니다.
성경은 분명히 말하고 있습니다.
헬라인이나 유대인이나 로마인이나 이방 사람 모두 다
예수 그리스도 안에 있으면 형제자매라는 것입니다.
그곳에는 신분의 귀천이 없습니다.

거기에는 높고 낮음이 없습니다.
세상에서 신분으로 천대와 멸시를 받는 누구라도
예수를 믿음으로 구세주로 영접하면 모두가
하나님의 권세를 갖는 존귀한 자가 되는 것입니다.
이것은 하나님 나라를 가장 구체적으로 선포한 대표적인 말씀입니다.
하나님 나라는 사람들끼리의 신분과 계급이 존재하지 않고
모두 가족의 일원이 되는 것입니다.
한 지붕 밑에서 한 밥솥의 밥을 먹고사는 식구가
어떻게 차별이 있을 수 있겠습니까?
거기에는 사랑과 믿음만이 있을 뿐입니다.
모든 허물도 잘못도 덮어주며 용서가 있는 곳
그곳이 가족이 모여 사는 곳입니다.
그러나 여전히 우리가 사는 세상은 신분의 차이가 존재합니다.
신분의 시대가 아니지만 자본과 권력의 차이로 인하여
존귀하고 천한 존재가 구별됩니다.
많이 가진 자가 존귀하고
소유가 없고 힘이 없는 자는 천한 자가 됩니다.
성도는 거룩함을 입고 거룩함을 먹고 사는 자입니다.
거룩은 하나님이 계심을 믿고 그 말씀을 의지하며
그에게 구하고 그를 찾고 그의 문을 두드리며 사는 자입니다.
성도는 말도 행동도 삶의 전 과정을 존귀하게 살며
존귀한 자의 자녀답게 살아야 합니다.
존귀는 예수라는 생명나무에 가지가 되어
그분의 영양분을 먹고 살 때 가능합니다.

정직과 진실을 말하며
정의와 사랑을 동전의 양면으로 알고 실천해야 합니다.
하나님의 즐거움은
땅에 있는 존귀한 성도들의 삶을 통하여 이루어집니다.
부모의 즐거움은 자식들이 존귀하게 사는 것을 보면
마음의 흡족을 봅니다.
오늘 이 땅에 사는 성도들은 하나님의 자녀들입니다.
우리는 정말 하나님의 거룩한 자녀답게 살고 있습니까?
그리스도인들을 보며 하나님은 정말 즐거워하실까요?
교회 공동체를 보며 예수님은 정말 즐거워하실까요?
아니면 반대로 슬피 울고 계실까요?
주님은 우리가 존귀하게 살기를 바라십니다.
우리가 성도로서의 삶을 살기를 원하고 계십니다.
우리가 존귀함을 지키려면 하나님의 말씀을 주야로 묵상하고
그 말씀을 통하여 주님의 은혜로 살며
믿음으로 살아야 할 것입니다.

사랑의 주님!
우리가 진정한 성도가 되게 하시고
주 안에서 존귀한 자가 되게 하옵소서.
예수 그리스도의 이름으로 기도합니다. 아멘.

51. 시편 16편(4)

오직 하나님만이 신이십니다

이 세상에는 신들(gods)이 너무도 많습니다.
사람들은 각자의 신을 마음에 안고 의지하며 살아갑니다.
특히 많은 사람들이 피조물을 신으로 삼고 살아갑니다.
가장 의지할 수 있는 신은 풍요의 신, 바알입니다.
예부터 다산하고 많이 소유하고
여기에 크고 작은 권력을 가지고
과시하고 체면을 세우며 살아가기를 바랍니다.
고래등 같은 집에서 떵떵거리며
하인을 두고 집안일과 농사일을 맡겨두고
그들이 밥해 주고 빨래 해주며 온갖 궂은일을 뒷바라지 해주면 거드름 피우며 오만방자하게 사는 시대가 지금도 옛날 같지는 않지만 우리 사회에 변화된 모습으로 남아 있습니다.

우리 그리스도인의 문화 속에도
이 풍요의 다산의 신이 횡행하고 있습니다.
크고 화려하게 과시하며 우쭐하는 문화의 신이 우리 모두를 휘어감고 있습니다. 거기에 그리스도의 참된 겸손과 섬기는 모습은 남지 않습니다.
섬기는 신의 모습, 자기를 낮추어 종의 모습으로 사신 예수 그리스도의 모습은 찾아볼 수 없습니다. 오히려 예수를 상품화하여 자기 뱃속을 채우려는 탐욕과 소유의 욕심이 있을 뿐입니다.

근자에 대통령을 수행하여 미국을 방문한 대변인이 성추행한 일로 뉴스와 지면을 덮고 있습니다. 부끄러워 어찌할 바 모를 국제적 세계적 망신살이 외교사에 기록되는 순간입니다. 싸이의 한류 말춤과 거의 옷을 벗고 흔들어 대는 젠틀맨의 막춤에 함께 흥분하는 문화의 신도 결국 인간의 창조적 영성을 완전히 그릇되게 인도하는 걱정스러운 바알 신에 경배하는 것입니다.

그리스도인들의 경건한 믿음과 신앙, 기도는 사라지고 썩어질 물질과 맘몬이 창조주의 자리를 대신하여 역사의 생명을 어둠으로 덮어가고 있는 것입니다.

자신의 삶에 대한 가치와 의미를 상실하고 목적과 목표가 없고 마음이 공허한 상태가 오면 마약이나 알코올, 노름이나 성적 중독에 빠져 버립니다.

도둑질과 거짓말도 일종의 중독입니다. 우리가 하나님의 일을 하면 다른 것에 미치지 않을 수 있습니다. 사도 바울의 말씀대로 우리가 만일 미치려면 길이요 진리요 생명이신 예수 그리스도에게 미치는 것이 좋을 것입니다.

우리는 죽을 신이나 썩을 신 그리고 요행의 신에 미쳐서는 안 됩니다. 일확천금을 노리는 일체의 행위, 땀 흘리지 않고 얻으려는 노동의 대가는 바라서는 안 될 것입니다.

우리가 정말 성경 말씀을 통하여
창조주 하나님을 알고 만나며 믿고 산다면

이러한 허망한 것들에 미쳐 살지는 않을 것입니다.
인생의 푯대, 우리 삶의 지표 곧 우리 주 예수 그리스도가 이 땅에 오신 것은 우리를 죄악으로부터 건지시고 살려내기 위해서입니다.

정말 신은 오직 하나님 한 분뿐입니다.
창조주 하나님은 우리에게 모든 것을 주셨습니다.
그분은 우주 만물과
그분의 형상(Imago dei)을 닮은 인간을 창조하셨습니다.
우리가 싸우지 않고 서로 사랑하며 산다면
행복하게 살 수 있습니다.
우리가 탐욕을 부리지 않고 함께 살려 한다면 얼마든지 행복을 구가할 수 있습니다. 우리가 진실로 하나님의 말씀을 따르기만 한다면 진정한 정의와 평화와 생명의 하나님 나라를 이루어 갈 수 있습니다.
오직 우리가 믿고 따라야 할 신은
창조주 살아 계신 하나님 한 분이십니다.
그분께서 우리를 불쌍히 여기시고 죄악으로부터 살리시려고 한 분 아들이신 예수님을 이 땅에 보내셨습니다. 그분은 단순한 전통적 교리로 인식할 분이 아니라 진정한 하나님이십니다.
오늘날 우리의 역사가 뒤틀리고
모순덩어리가 되는 것은 창조주를 알지 못하고
찾지 않으며 그분의 말씀을 귓등으로 흘려보내기 때문입니다.
주님은 우리를 창조하시고 모든 것을 주셨습니다.
우리가 이 창조주 아버지의 집을 떠나면
굶주리고 죽을 수밖에 없습니다.

우리가 창조주의 길을 가지 않고 다른 거짓 신들의 유혹의 길을 간다면
우리는 허망하고 헛된 삶에서 벗어날 수 없을 것입니다.

사랑의 주님!
우리를 붙들어 주님의 품에 있게 하시고
주가 주시는 생명의 양식을 먹게 하옵소서.
오직 하나님만이 우리의 신인 줄 알게 하시고
주님의 생명의 손을 붙잡게 하옵소서.
하나님의 말씀에 순종하는 길이 살 길임을 깨닫게 하옵소서.
죽은 것이나 썩을 것에 예배드리지 않게 하시고
그것에 예물을 드리는 어리석음을 범치 않게 하옵소서.
대답 없고 말이 없는 것들을 신으로 섬기며
그 허망한 것들을 위하여 피를 흘리지 않게 하옵소서.
우리의 입술로 거짓 신들을 부르지 않게 하시고
살아 계신 주를 증거하며 찬송케 하옵소서.
주는 우리의 생명이요 길이며 진리 되십니다.
주님만이 우리의 죄를 용서하시고
우리를 죽음에서 건지시며 살리실 능력이 있습니다.
주님은 우리의 상처를 싸매시고 낫게 하시며
우리의 모든 질병을 물리치십니다.
주님은 지금부터 세세토록 영원무궁까지 우리의 신이시며
주님이십니다.
우리 주 예수 그리스도의 이름으로 기도합니다. 아멘.

52. 시편 16편(5-6)

나의 산업과 잔의 소득 나의 분깃

생명의 주님!
사람들은 부지런히 일합니다.
이른 새벽부터 들과 산에서
그리고 시장과 장터에서 논과 밭을 고르고
물건들을 정리하며 아주 바쁘게 움직입니다.
공부하는 사람은 이른 아침부터 잠을 줄여가며 열심히도 합니다.
군사 독재가 시작되면서 절대 빈곤을 퇴치한다는 명목으로
소위 새마을 사업이 시작되었습니다.
볏짚의 지붕을 뜯어내고 슬레이트와 함석으로 갈아 덮는 일
농로와 마을길을 넓히며 동네마다 아침부터 저녁 늦도록
새마을 노래가 울려 퍼졌습니다.
모두가 거기에 동조하며 죽도록 일했습니다.
시골뿐 아니라 부강한 나라가 되기 위한 수출 주도형 정책에 발맞추어
스웨터 공장에서 잠을 미루고 밤 새워 일하고 평화시장에서도 밤 새워
미싱을 돌려댔습니다.
기업을 절대적으로 밀어대는 정부 정책에 의하여 일하는 노동자의
인권과 대가는 병들고 죽어가는 길밖에 없었습니다.
이에 보다 못한 전태일이 몸을 불사르고 팔백만 노동자의 사람다운

삶을 보장해 줄 것을 외치고 산화하였습니다.
정부도 고위 공직자도 그리고 지식인도 못하는 사람과 역사 살리는 일을 위하여 자신의 몸을 태운 것입니다.

나라와 사회가 출렁이며 역사는 파도치기 시작하였습니다.
기업을 살리기 위하여 노동자의 인권과 생명을 담보로 한 수출 주도형 부국강병 정책은 권력의 독재, 경제의 독점, 사상의 독단을 이루어 노동자와 민중을 억압하고 변두리 삶으로 몰아댔습니다.
가녀린 어린 노동자들의 정당한 요구에 똥물을 뿌려 짓밟는 동일방직의 비인간화 사건은 독재를 무너뜨리는 카이로스적 민주의 촉발제가 되었습니다. YH 사건, 원풍모방 사건 등 노동자와 양심 있는 지식인들이 이러한 불의하고 부당한 역사를 살리기 위하여 하늘을 향하여 부르짖기 시작하였습니다. 역사의 빗장도 흔들리고 하늘 문이 열려갔습니다. 군부의 독재는 힘과 어용 언론, 어용 지식인 그리고 노동자, 농민, 민중의 착취를 담보로 더욱 포악해져 갔습니다. 어용 종교인들은 이 불의한 권력에 붙어 하늘의 뜻을 어기고 속이며 함께 민중을 착취하여 예수 그리스도를 상품화해 갔습니다. 그러나 정의와 공의의 하나님 그리고 사랑과 믿음, 소망의 주님 되시는 분은 이 모든 어둠을 물리치고 이 땅의 산업화 민주화를 이루고 여기까지 오게 하셨습니다.

그러나 여기까지 오는 동안 숱한 사람들의 생명이 역사의 제물로 바쳐지고 수난과 곤욕이 있었음을 절대 간과할 수 없습니다. 그들의 불굴의 용기와 희생 위에서 우리는 오늘의 풍요를 누리고 있습니다. 특히 오월의 광주 민주항쟁 혁명의 희생을 깊이 되새겨야 할 것입니다.

오늘날 세계적 기업으로 성장한 다국적 초국적 기업들의 세계화는 이러한 역사적 희생의 밑거름으로 말미암아 이룬 것을 잊어서는 안 될 것입니다.

오늘의 양극화 현실을 해결하려는 소명과 사명이 있어야 할 것입니다. 그러나 진실로 생각할 것은 이러한 땅의 산업과 잔의 소득, 분깃들이 우리가 영원히 소유할 것들이 아님을 알아야 한다는 것입니다.

사람들은 착각과 환상에서 벗어나지 못합니다. 우리가 소유한 것들이 영원히 아니면 오래도록 팔 안에 소유물로 있을 것이라는 그릇된 생각 말입니다. 진정한 산업과 잔의 소득, 분깃은 바로 하나님이라는 것을 알아야 합니다.

하나님이 우리에게 줄로 재어 준 구역 그 아름다운 곳이 우리의 기업입니다. 주여 우리가 이른 아침부터 저녁까지 열심히 일하고 부지런하여 부족하지 않은 삶을 살게 하옵소서.

우리가 가지게 된 것을 이웃과 나누며 공유하며 살게 하옵소서.

우리의 가정, 우리의 교회 공동체, 우리의 민족과 국가

우리가 사는 사회가 하나님이 허락하신

아름다운 산업과 소득의 잔, 분깃이 되게 하옵소서.

우리 주 예수 그리스도의 이름으로 기도합니다. 아멘.

53. 시편 16편(7-11)

생명의 길을 보이소서

우주 만물과 역사의 주인이신
생사 화복의 주님!
오늘날 많은 생명체가 멸종되거나
사라질 위기에 처해 있습니다.
지구의 온난화로 기후 조건이 변해서이기도 하지만
바로 그 온난화가 온 것은 인간들의 탐욕의 결과입니다.
삶의 편리와 더 많은 것을 소유하고자 하는 잘못된 가치관과
문명의 허구로 인한 결과입니다.
생명체의 기반인 지구가 병들고 신음하고 있습니다.
자연이 오염되고 썩어
생물이 살기에 부적당한 근거가 되어가는 것입니다.
국가와 기업 수많은 인간 조직의 단체들이 하나님의 뜻을 어기고 불의와 부패와 비리 그리고 중독에 신음하고 있습니다.
대한민국 외교사에 씻을 수 없는
고위 공직자의 성추행 사건이 나라 망신은 물론
지구촌에 수치를 느끼게 하고 있습니다.
사회 갑들의 을에 대한 폭력의 횡포가 우리 모두를 행복이 아니라
불행의 늪으로 빠져가게 하고 있습니다.

승자 독식과 정글의 삶의 법칙이 세상을 어둡게 하며 존재의 가치를 상실하고 행복 지수와 온도를 끌어내리고 있습니다.
함께 더불어 잘 사는 사회를 만드는 생명 살리기보다는 1퍼센트의 강자가 모든 것을 독점 독식하는 사회로 되어가고 있습니다.
하나님을 찾는다는 교회 공동체와 그리스도인들마저 입술의 하나님 말고는 마음으로는 그분과 멀리 떨어져 동상이몽 하고 있습니다.
그래도 다행인 것은
아직도 숲은 살아 있고 나무들은 푸르며
꽃들은 피어나며 새들은 노래하고
맑은 물은 계곡을 따라 흐르고 있습니다.
우리는 이 생명의 피와 같은 것들이
심근경색과 동맥경화, 고지혈증 같은 것으로
생명의 기관들이 제 기능을 하지 못하게 하는 것들을
막아야 할 것입니다.

사랑의 주님!
주님은 생명을 사랑하시어 창조하셨고 그 생명들이 춤추며 노래하고 서로 화목하게 사는 것을 기대하고 계십니다.
그런데 오늘 우리가 사는 생명의 세계는 무서운 생명 말살의 핵무기뿐 아니라 가공할 화학무기들과 재래식 무기들이 땅과 바다 그리고 하늘에서 언제 터질지 모르는 너무도 위험한 시대에 살고 있습니다.
땅과 바다, 하천은 오염되어 가고 고갈될 때까지 사용한 '굴뚝 사회'의 폐기물과 찌꺼기들이 우리의 몸을 둘러싸며 짓누르고 있습니다.
우리는 우리가 보는 생명의 푸름을 우리의 후손들이 보기를 원합니다.

그들도 아름다운 숲 속에서 맑은 계곡물을 보며 새들이 지저귀며 나무
는 춤을 추고 꽃들이 웃는 것을 보았으면 합니다.
그들은 남북이 하나 되어 양과 이리가 함께 뛰놀고
서로 손을 맞잡고 행복의 웃음꽃을 피워 갔으면 좋겠습니다.
서로 믿고 의지하며 불쌍히 여기고 악을 악으로 갚지 않고
선으로 악을 이기는 세상을 만들며 살았으면 합니다.
속과 겉이 다른 인격의 모순된 관계가 아니라
속과 겉이 함께 하나의 진실을 위해 살았으면 합니다.
우리가 바라는 사랑과 믿음, 소망을 함께 나누며
서로 생명을 존귀하게 여기며
배려와 관용과 인정이 교차되는
신뢰의 삶을 살았으면 합니다.
소수자의 독재와 독점 독단이 지배하는 세상이 아니라
힘없는 약자가 강자와 대등한 대접과 대우를 받고 사는
살맛나는 세상이 되었으면 합니다.
누구든지 차별이 없고 서로의 존재를 존중하고 존경하는
세상이 되었으면 합니다.
약속은 지키고 서로의 신의가 열매 맺는,
믿고 살 수 있는 세상이 되었으면 합니다.
물고기가 물에서 사는 데 전혀 문제가 없고 우리가 먹는 물을 아무데서
나 떠먹을 수 있는 생명 세상이 되었으면 합니다.
서로 속이고 하나님마저 속이려는 썩은 양심은 물러가고
살아 있는 양심의 고동소리가 우리를 바로 살게 하는
정의가 살아 숨 쉬었으면 합니다.

언젠가 분명히 이런 날들이 푸른 초원처럼
우리 앞에 펼쳐질 것입니다.
막힌 담을 헐고 실타래 같은 관계는 풀어지고 용서와 사랑이 단지
이상만이 아니라 현실이 되어 서로 얼싸안고 기쁨의 눈물을 흘리며
사는 날이 분명 있을 것입니다.

나를 훈계하시는 주님!
하나님을 송축하도록 밤마다
내 양심이 나를 교훈하게 하시옵소서.
내가 하나님을 항상 내 앞에 모시게 하시며
주님이 내 오른쪽에 계시며
그로 인하여 내가 흔들리지 않게 하옵소서.
이러므로 나의 마음이 항상 기쁘며
나의 영도 즐거워하고 내 육체도 안전히 거하며 살게 하옵소서.
주님은 내 영혼을 음부에 버리지 않을 것이며
주님의 거룩한 자를 멸망시키지 않을 것을 확실히 믿습니다.
주께서는 생명의 길을 내게 보이시리니
주의 앞에는 넘치는 기쁨이 있고 주의 오른쪽에는
영원한 즐거움이 있음을 믿습니다.

생명의 주님!
주님은 영원한 나의 주님이십니다.
주님은 나의 생명의 주인이시고
내가 살아갈 모든 의미와 가치의

근본이십니다.
주님이 있어 오늘도 생명을 지탱하고
새로운 희망을 노래합니다.
이 생명을 영원히 지켜 주옵소서.
우리 주 예수 그리스도의 이름으로 기도합니다. 아멘.

54. 시편 17편(1-3)

나의 기도를 들으소서

사랑의 주님!
내가 이 땅에 존재하는 것은 다 주님의 계획과
섭리 안에 있음을 믿습니다.
모든 것이 주님의 은혜니, 감사할 뿐입니다.
그러나 이 짧은 인생길을 지나는 동안
말할 수 없는 질곡의 세월이 있었습니다.
아버지께서 내가 여섯 살 되던 때에 많은 자식들을
놓아두고 떠나셨습니다.
얼마 후에는 집달리가 와서 우리 집 물건에 빨간 딱지를 붙이고
모든 것을 가져갔습니다.
아버지가 돌아가신 봄, 어느 날에 부슬비가 내리고 있었습니다.
그때 마루 밑 머리를 풀어헤치고 토방을 치며 통곡하시는
어머님을 보았습니다.
집달리가 와서 집안의 물건을 실어가는 것을 보고는
방 한쪽 귀퉁이에서 목이 메어 흐느끼시는 어머님을 보았습니다.
마침내 우리는 가진 모든 재산을 뒤로한 채
정든 고향 집을 떠나야 했습니다.
이리저리 떠돌아다니는 나그네 생활을 해야 했습니다.
고아원에서 지낸 6개월의 삶을 통하여 주님이 얼마나 고아와 과부와

나그네를 사랑하시는지를 알았습니다.

그 후에 수없는 고통의 세월을 보냈습니다.
산업현장의 열악한 환경과 밤을 새워 일하여도
세 끼의 끼니를 해결할 수 없고
미래에 대한 희망을 기대할 수 없었습니다.
끝내 몸은 병들고 모두가 외면하는 가운데 죽음을 앞두게 되었습니다.
그 죽음과 사망이 나를 둘러싸고 있을 때
주님의 사람인 기도하는 사람 김일국 집사님께서
"밑져봐야 본전이다. 예수 한 번 믿어봐"
라고 하며 주님을 소개해 주었습니다.
그 소리를 듣고 난 후에는 이상하게
동네 첨탑의 교회 종소리가
나를 깨우고 교회당으로 불러들였습니다.
얼마가 지난 다음 김 집사님은
나를 조용한 깊은 산중에 있는 기도원으로 인도하셨습니다.
거기서 나는 이른 새벽에
뼈만 앙상한 해골 같은 몸을 이끌고
교회당에서 계곡의 바위 위에서
무릎을 꿇고 하늘을 향하여 부르짖었습니다.
성경을 큰소리로 읽고 외쳐댔습니다.
밤을 지새우기도 하고 찬 이슬에 몸이 젖기도 하였습니다.
독사가 내 곁을 지나가기도 하였습니다.
그러나 나는 하나님을 향하여 부르짖으며 기도하고 기도하였습니다.

나무와 숲과 바위와 흐르는 계곡의 물이 하나가 되고
하늘과 땅이 하나가 되었습니다.
병을 치유해 달라는 것이 아니라
잃어버린 하늘을 회복하고자 하였고 찾고자 하였습니다.
땅과 하늘의 주인을 만나고자 하였습니다.
나의 신세를 한탄하고 세상을 원망하는 소리가 아니라
나의 존재의 의미와 진정한 삶의 가치를 묻고 있었습니다.
내가 어디서 왔고 어디로 가며
무엇을 위해 살아야 하고 어떤 방법으로 살아야
삶의 가치와 의미가 주어지는지를 물었습니다.
내가 진정으로 두려워해야 하고
내가 진정으로 눈을 고정시키며
내가 진정으로 용기를 얻으며 살 수 있는 근원
생명의 시작과 최종 목적지가 어딘지를 알고자 하였습니다.
어떻게 사는 것이 잘 사는 것이며
어떻게 살아야 장수의 깊은 생명의 밧줄에 잇대어 살 것인지를
알고자 하였습니다.

주님은 내 물음에 답을 주셨습니다.
내 기도를 들으셨습니다.
내 울부짖음에 응답하셨습니다.
내 입술에서 나오는 기도 소리에 깊은 관심을 가지셨습니다.
주께서 나를 판단하시며
주의 눈으로 공평을 살피셨으며

주께서 나의 마음을 시험하시고
밤에 오셔서 나의 흠을 감찰하셨지만
찾지 못하셨습니다.
나는 결심하고 입으로 범죄하지 않을 것을 결심하였습니다.
그리고 이제 많은 세월이 흘러갔습니다.
병은 치유되고
가정도 이루었고
아내와 자녀도 주셨습니다.
신학도 하고 철학과 심리학, 상담학을 공부하며
많은 책을 접하였습니다.
교회도 세우고
딴은 목회도 하느라 분주한 세월을 보냈습니다.
가난한 자, 부자들, 이민자들
인종과 피부색과 문화의 뿌리가 다른 사람들을
만나기도 했습니다.
병든 자를 위하여 기도하고 절망과 좌절에 빠진 자를 위로하고
약자의 편에서 그들을 대변하며 함께 살아왔습니다.
물질에 초연하고 지치고 쓰러질 위기가 올 때마다
기도하기를 쉬지 아니했습니다.
분단된 민족의 현실과 사회적 모순을 보며 괴로워했고
삶을 비관하고 그 삶을 스스로 마감하는 자들을 보며
안타까워했습니다.
특히 교회와 교회 공동체들의 깊은 세속화와 맘몬 우상과
불의한 권력에 아부 아첨하는 모습을 보며

통탄과 비애를 느낀 적이 한두 번이 아닙니다.
교회가 경건의 모습만 있고
경건의 내용은 버리는 현실을 보면
잠을 이루지 못합니다.
교회가 맘몬과 하나가 되고 그것에 굴복하며
생명의 전위대가 되는 것이 아니라
생명을 파괴하는 악의 세력과 타협하며
그 주체가 되는 모습을 볼 때는
가슴이 무너지고 심장이 찢어지는
아픔과 비통을 경험합니다.

창조주 하나님!
이제라도 사람들이 거짓을 버리고
주님께로 돌아오게 하소서.
주님께 무릎 꿇고 주를 붙들게 하옵소서.
주님의 손 붙들고
주의 길 가게 하옵소서.
다시는 같은 죄를 짓지 않게 하옵소서.
우리 주 예수 그리스도의 이름으로 기도합니다. 아멘.

55. 시편 17편(4-6)

주의 길을 굳게 지키게 하옵소서

사랑의 주님!
이 세상에 삶의 길은 많이 있습니다.
가기 쉬운 넓은 길이 있지만 끝내는 멸망의 길이 있습니다.
들어가기에 어렵고 좁은 길이 있지만 마침내는 생명의 길이 있습니다.
사람들은 넓은 길을 선호하고 그 길을 가기 원합니다.
그 넓은 길은 보기에도 좋고 가고 싶은 길이기도 합니다.
넓은 길은 가시덤불도 없고 넘어야 할 장애물도 없습니다.
깊은 생각을 필요로 하지도 않고
고통과 고난도 없는 길입니다.
그저 흐르는 물처럼, 세상의 바람처럼 묻혀서 가면 됩니다.
좁은 길은 문을 열고 들어가기도 쉽지 않지만 장애물도 많고
시시때때로 크고 작은 어려움과 고통이 따르는 길이기도 합니다.

현대인들은 속도가 빠르고 모든 것이 쉽게 해결되기를 바랍니다.
조금도 어려운 것에 도전하려고 하지 않습니다.
할 수만 있으면 모든 것을 쉽게 지나쳐 버립니다.
어렵고 고통스러운 것을 좋아하는 사람은 거의 없습니다.
삶의 과정에 풍파가 없고

부드럽고 맛있는 아이스크림과 같기를 바랍니다.
그렇지만 삶의 과정은 그리 단순하지만은 않습니다.
원하지 않게 관계가 무너지기도 하고 서로 상처 받는 일도 있습니다.
사랑하는 사람에게 이별을 통보받기도 하고
뜻하지 않은 질병에 걸리기도 하며
소중한 사람을 잃어버리기도 합니다.
승승장구하던 사업이 하루아침에 무너지기도 하고
자신이 가진 사회적 지위나 명예가 바람처럼
허무하게 날아가기도 합니다.
있던 재물이 한순간에 없어지기도 하고 심지어는 건강을 잃어
스스로 움직일 수 없는 상황이 올 수도 있습니다.
그러나 이러한 극한 상황이
자신에게 오리라고 생각하는 사람은 없습니다.
그것을 바라는 사람은 더더욱 없습니다.
삶의 수고와 무거운 짐은 너무도 많고
우리 곁에 항상 머물러 있습니다.
그것은 마치 쓴 바다를 헤엄쳐 가는 것과 같고
가시밭길을 헤쳐 가는 길이기도 합니다.

사람들은 많은 물질을 소유하는 것이
자신의 안전을 보호받는 길이라고 생각합니다.
사람들은 큰 권력을 소유하고 좋은 집에서 거처하며
많은 사람들로부터 인정받으려는 삶을 구가합니다.
이 모든 것은 소유와 관련이 있습니다.

다른 사람보다 더 큰 권력의 소유
다른 사람보다 더 많은 재물
다른 사람보다 더 많은 명예 등이 그것입니다.
그러나 그것이 얼마나 부질없고 허망한 것인지를 알게 될 것입니다.
부부와 자식 그리고 피를 나눈 형제와 자매
혈연과 지연 그리고 학연의 관계를 고집하는 것
그것이 우리의 삶의 행복과 어떤 상관관계를 가지는 것입니까?
내가 소유하고자 하는 물질을 자녀에게 대물림하는 세습의 삶이
우리에게 영원한 행복의 근원이 됩니까?
얼마나 착각과 환상에 사로잡혀 사는 것인지 모릅니다.
재물이 있거나 건강과 명예가 있을 때는 이웃도 친구도 가족도 자녀도
부부 사이도 원만히 지속되는 것 같습니다.
그렇지만 이러한 소유가 사라지는 순간
모든 관계의 현실도 물거품이 되고 맙니다.
이런 것에 삶의 가치를 두면 우리는 허무에 직면하게 됩니다.
주는 자가 받는 자보다 복이 있다 하였습니다.
받으려고 하면 원망과 불평이, 평생 나를 싸고돕니다.
그러나 있는 것을 주고자 하는 삶을 살면 감사가 넘칩니다.
주는 삶입니다.
나누는 삶입니다.
비우는 삶입니다.
버리는 삶입니다.
가볍게 하는 삶입니다.
사실 우리가 이 땅에서 삶을 마치고 하나님의 품으로 돌아갈 때는

먼지와 티끌이 되어 가벼이 가는 것입니다.
소유와 탐욕의 길은 결코 생명의 길이 아닙니다.
비우고 버리고 나누며 소유를 가벼이 하는 길이
생명의 길인 것입니다.
들에 핀 민들레꽃은 피었다가 가벼워 사방팔방으로 날아갑니다.
거칠 것이 없는 것입니다.
꽃의 여왕이라 불리는 빨간 장미도 피었다가 집니다.
그가 붙잡고 있는 것은 아무것도 없습니다.
가져올 것도 가져갈 것도 없다는 것을 아는 것이 중요합니다.

주님은 마구간의 말구유에 오셨고 아무것도 가진 것 없이 하나님 나라의 복음을 전하시다가 정치범과 신성모독의 죄명을 쓰고 로마의 식민 권력과 그것에 아부 아첨하는 헤롯 세력과 당시 제정일치의 시대에 정치와 종교·사회·문화에 모든 권력을 소유한 대제사장 족속들과 산헤드린 바리새파 그리고 우매한 백성들의 야합으로 십자가에서 처형당하셨습니다.

주님은 창조주 하나님과 동등한 자리를 버리시고 낮고 천한 땅에 오셔서 하나님 나라를 선포하고 죄악으로 물든 세상과 죄인들을 구하시려고 이른 아침부터 밤이 늦도록 기도하며 끼니도 거르시며 분주하게 병을 고치고 귀신을 내어 쫓으시며 끝내는 쇠 채찍을 맞으시고 가시관을 쓰셨으며 뜨거운 햇볕이 내리쬐는 해골산 언덕에서 산 채로 십자가에 못 박혀 돌아가셨습니다.

주님은 우리를 구하시려 아무것도 소유하지 않으셨습니다.
마지막 당신의 몸을 나누어 주시기까지 사랑한 것입니다.

참된 예수 그리스도의 제자들은 다 이 길을 갔습니다.
그들이 시대를 살리는 작은 등불이요 빛이었습니다.
그 길은 결코 쉽지 않은 길입니다.
그러나 그것이 모두가 사는 생명의 길입니다.
거대한 죽음의 물이 세상을 휩쓸고 갈 때에
그 사망의 물을 거슬러서 세차게 오르는 살아 있는
물고기와 같은 것입니다.

생명의 주님!
내가 스스로를 삼가서 포악한 자의 길을
끝까지 가지 않도록 붙잡아 주옵소서.
나의 걸음이 주의 생명의 길을 굳게 지키고
실족하지 않게 하옵소서.
주님은 나의 기도를 시시로 응답하십니다.
내 기도에 귀를 기울여 내 말을 들으시고 생명의 길을 가게 하옵소서.
우리 주 예수 그리스도의 이름으로 기도합니다. 아멘.

56. 시편 17편(7)

주께 피하는 자들

사랑의 주님!
바다에는 파도가 있습니다.
세상에는 세파가 있습니다.
역사에도 격랑의 파도가 있습니다.
파도가 잔잔하면 바다의 생명들은 편히 쉬게 됩니다.
세파가 없으면 사람들은 평화로이 살게 됩니다.
역사의 격랑이 일렁이지 아니하면 하늘과 땅이 합창을 합니다.
작은 바람은 땀을 식혀 주고
들풀과 꽃들이 춤을 추게 합니다.
산들산들 부는 바람은 내 얼굴을 간지럽히고
나를 넓은 초원으로 불러냅니다.
작은 파도들은 물고기들을 춤추게 하고
파란 창공은 종달새를 높이 솟구치게 합니다.
바람과 파도는 우리의 친구입니다.

그러나 말입니다.
감당할 수 없는 바람과 파도가 불어오고 칠 때에는
모든 살아 있는 것들은 피할 곳이 없습니다.

삶의 거친 풍랑과 격랑이 몰아쳐 오면 피할 곳을 모릅니다.
그래서 몸과 마음이 다치거나
삶을 포기하게 되는 상황이 오기도 합니다.
감당하기 어려운 파도와 세파에 부딪히면
넘어지고 부서지며 깨어집니다.
살아 있는 것이 무용지물이 되는 위기에 직면하게 됩니다.
삶과 죽음의 끝자락을 수없이 오가게 됩니다.
사람들의 위로와 격려
친구와 이웃들의 보살핌
그리고 자신의 다짐도 큰 힘을 잃고 맙니다.
그래서 생명의 등불이 꺼지지 않도록
상한 갈대가 꺾이지 않도록
숨을 피난처를 찾게 됩니다.
거센 바람과
산더미 같은 파도가 오면은
가족도 친구도 동료도
가까운 자들 모두 나를 떠나갑니다.
가장 사랑하는 자도 나를 외면해 버립니다.
견딜 수 없는 외로움, 고독이 나를 짓눌러 옵니다.
수많은 밤을 잠 못 이루며
날밤을 새웁니다.
서 있을 수도 없고
앉아 있을 힘도 없게 됩니다.
무엇을 먹을 수도 없고

그저 죽음의 기운이 나를 감싸고 조여 옵니다.
나의 존재를 숨기고 세파와 풍파를
피해서 가야 할 곳을 찾기가 어렵습니다.

그런데 그 죽음의 사경을 헤매는
사망의 음침한 골짜기에서
하나의 불꽃을 보게 됩니다.
생명의 빛을 보게 됩니다.
생명의 밧줄을 만나게 됩니다.
피할 바위를 보게 됩니다.
주님의 손길입니다.
주님의 음성입니다.
주님의 부름입니다.
주께 피하는 자들은 그들을 치는 자들로부터
주님이 구원하시는
기이하고 놀라운 사랑을 경험합니다.
이것이 삶의 비밀이요 신비하고 묘하며 측량할 수 없는
주님의 섭리입니다.
아무리 거센 바람과 풍랑이 몰려온다 해도
주님은 우리의 피난처 되십니다.
주님만이 나의 주 되십니다.
주여 나를 주의 오른손으로 붙들어
나를 치려 하는 모든 자들로부터 구원하소서.
주님은 나의 주시요

생명의 주님이십니다.
어제나 오늘이나
나는 주님께 피합니다.
모진 풍파 불어와도 주님이 계셔
나는 당당히 주의 길을 걸어갑니다.
주님, 내 일생 다 가도록
나를 주의 품에 있게 하소서.
우리 주 예수 그리스도의 이름으로 기도합니다. 아멘.

57. 시편 17편(8-15)

주의 얼굴 보게 하소서

사랑의 주님!
우리는 수많은 사람들의 얼굴을 대하며 살아갑니다.
가족들 얼굴을 보며 살아가고
친척이나 직장에서 동료들의 얼굴을 보며 살아갑니다.
아이들은 학교나 유치원 그리고 각종 학원에서
다른 얼굴들을 보며 살게 됩니다.
텔레비전이나 각종 대중매체에서
많은 사람의 얼굴을 보며 살아갑니다.
지하철이나 버스, 그리고 기차나 항공기에서
이름도 알 수 없는 많은 사람의 얼굴을 대면하며 살아갑니다.
지금은 지구촌과 세계화 과정이 급격히 이루어져 가는 현실 속에서
문화나 인종, 생각과 사고, 전통과 관습의 차이가 확연한 사람들의
얼굴을 대하며 살아갑니다.
우리가 사는 지금
얼굴들은 이렇게 구별되지만
차별할 수 없는 사람들을 맞대어 살고 있습니다.
사람들은 정보와 지식의 홍수 속에서 서로 다른 언어와 문화의 차이를
극복할 수 없고 전통의 가치와 새로운 변화에 대처하기 힘든 삶을

대하며 살고 있습니다.
매 순간 낯선 얼굴을 보게 되는 것입니다.
그 사람들은 수많은 경쟁을 하며
서로 경계하고 선을 긋고 살며
동시에 더불어 살아가는 동지의식을 가져야 합니다.
이러한 혼미하고 복잡한 세상 속에서
우리는 주님의 얼굴을 떠올립니다.
지나간 많은 세월 속에서 잊어버린 얼굴들이 기억납니다.
어려움에 처해 있을 때 위로의 말을 해 주며 어깨를 토닥이던 얼굴들
배고파 배를 움켜쥐던 때 따뜻한 밥을 지어주던 얼굴
역사의 모순과 불의를 보고 역사를 바로 세우기 위하여
함께 밤을 새우던 얼굴
갖은 고생을 하며 가정과 하나님 나라 건설을 기도하던
아내와 자녀들의 얼굴들
언제나 물가에 내어 놓은 듯 염려하며 기도하시던 어머니의 얼굴
그립고 보고 싶은 얼굴들이 뇌리를 스치며 스크린처럼 지나갑니다.
지금도 여러 가지 이유로
이 세상의 어두운 길을 지나는 사람들의 얼굴들
마실 물이 없어 목말라하는 얼굴들
굶주린 배를 움켜쥐고 먹을 것을 갈구하는 얼굴들
질병과 사투하며 고통을 호소하는 얼굴들
오랫동안 헤어져 만남의 기쁨을 나누는 얼굴들
우리는 이 수많은 얼굴들을 마주하며 살아가고 있습니다.

생명의 주님!
그럼에도 불구하고
우리는 지금 이 순간에도 주님의 얼굴을 대하고자 합니다.
주님의 얼굴을 뵙고자 합니다.
나를 눈동자같이 지키시고 주의 날개 아래 감추시어
살리시며 보호하실 주님의 얼굴을 그리워합니다.
내 앞에서 나를 압제하는 악인들과
나의 목숨을 노리는 원수들에게서
벗어나게 하실 주님의 얼굴 말입니다.
그들의 마음은 기름에 잠겨 있고 말은 교만하게 합니다.
이제 우리가 걸어가는 것을
그들이 에워싸며 노려보고 땅에 넘어뜨리려 합니다.
그는 움킨 것을 찢으려 하는 사자 같으며
은밀한 곳에 엎드린 젊은 사자와 같습니다.
하나님이여, 일어나 그를 대항하여 넘어뜨리시고
주의 칼로 악인으로부터 나의 영혼을 구원하여 주옵소서.
주의 분깃으로 배를 채운 자들이 나를 해하려 하고 있으나
주의 손으로 그들로부터 나를 구하시옵소서.
주의 재물로 배를 채우고 만족하며 그의 자녀에게 남은 산업을
물려주고자 하는 자들의 악행으로부터 나를 구원하소서.
주님, 오늘도 주님의 얼굴을 사모하며 그리워합니다.
나의 의로운 중에 주의 얼굴을 보게 하시며
생명의 주님 품에 있게 하소서.
우리 주 예수 그리스도의 이름으로 기도합니다. 아멘.

58. 시편 18편(1)

나의 힘이신 하나님!

역사를 주관하시는 하나님!
주님께서는 인간의 삶 전반을 주장하시는 줄 믿습니다.
힘의 근원이 곧 주님이심을 믿습니다.
그럼에도 불구하고 사람들은 힘이 곧 물질과 권력과 맘몬에서 시작된다고 믿습니다. 사람들은 이 힘을 소유하기 위하여 수단과 방법을 가리지 않고 미쳐버립니다. 사도 바울은 예수에게 붙잡히고 예수에게 미쳤다 하였습니다. 예수님은 하나님과 동등한 자리를 버리고 천하고 낮은 땅에 오셔서 죄인들을 위하여 생명의 복음과 하나님의 나라 건설을 위하여 죽기까지 섬기고 자신의 몸을 나누어 주셨습니다.
이 나라에 개신교가 1784년에 들어왔고 구교인 카톨릭은 1884년을 원년으로 보고 있습니다. 물론 도마를 통하여 인도를 거치고 가야로 복음이 들어왔다는 학설도 있습니다. 어찌 되었든 민족의 국운이 풍전등화와 같은 시기에 예수 그리스도의 복음은 민족의 새로운 희망의 문을 열고 새로운 미래를 창조하는 힘이 되었음을 근현대사를 통해 잘 알고 있습니다. 물론 이 과정에서 미국과 서구의 선교사들에 의한 부정적 역사도 발견할 수 있습니다. 교파를 통한 분열과 분단을 이용하는 보수와 진보의 이데올로기적 싸움터가 되는 것도 사실입니다. 그럼에도 불구하고 복음의 힘은 우리의 삶을 바꾸고 변화시키는 역사의 한 축을 가져온 것이 사실입니다. 그렇지만 오늘의 교회 현실은 긍정적인 요소만 있는 것은 아닙니다. 양적 성장을 걸어온 한국 개신교에서는 실망스러운 기사가 많이 보도되고 있습니다. 이단을 규정하기 전에 누구를 탓하기 전에 얼굴을 들지 못할 부끄러운 일들이 너무도 많습니다. 윤리와 도덕을 말할 수 없는 것이 우리네 현실입니다. 지금은 우리가 무슨 일을 할 수 있을는지도 모르는 실정입니다. 정말 기도가 필요한 시기입니다. 회개가 절실히 요청되는 때입니다. 우리의 힘은 돈도 물질도 맘몬의 우상도 아닌 주님이심을 알게 하옵소서!

우리가 갈 길을 모르고 방황할 때
우리가 너무 아파서 잠을 이루지 못할 때
우리가 너무 슬픈 일을 당하여 어찌할 수 없을 때
비탄과 비애와 비통에 빠져 있을 때
통곡으로도 억울함과 한이 풀리지 아니할 때
앞과 뒤로 나아가지 못하는 진퇴양난과
깊은 늪과 수렁으로 빠져들어 갈 때
우리는 주님의 힘이 절대로 필요합니다.
세상은 우리를 용서할 수 없습니다.
세상은 우리를 도와줄 수 없습니다.
세상은 우리와 함께할 수 없습니다.
우리가 힘을 상실하고 위기에 빠져들 때
세상은 모두가 외면하고 맙니다.
세상은 우리를 비난하기 바쁩니다.
우리의 존재를 그 모든 위기와

죽음의 질곡에서 구할 수 있는 것은 주님뿐입니다.
우리가 이 주님의 생명과 구원의 복음을
전하고 가르쳐야 할 이유가 여기에 있습니다.

주님은 나의 힘입니다.
주님은 우리의 힘입니다.
이 역사의 질곡을 벗어나기 위해서는
주님의 힘을 의지해야 합니다.
주님의 힘에 호소해야 합니다.
그러나 주님의 힘을 얻으려면 조건이 있습니다.
우리의 솔직한 회개가 있어야 합니다.
우리가 지은 죄들을 솔직하게 낱낱이 고백하고
용서를 빌어야 합니다.
그리고 그 잘못된 길에서 단호히 돌아서야 합니다.
다시는 죄를 짓지 않도록 우리 삶의 변화가 필요합니다.
이렇게만 되면 우리는 주님의 힘으로
삶의 절망과 죽음의 계곡을 넘어갈 수 있습니다.

사랑의 주님!
이 죄인이 주님만을 의지하도록 강한 팔로 붙들어 주옵소서!
어둠과 사탄의 힘에 붙들리지 않도록
믿음과 성령의 충만함을 덧입혀 주옵소서!
썩어질 것들은 우리의 진정한 힘이 아님을 알게 하옵소서!
주님만이 나의 힘임을 매순간 깨닫게 하시며

우리의 힘이 되게 하옵소서!
먼저 우리의 회개가 있게 하옵소서!
우리 주 예수 그리스도의 이름으로 기도합니다. 아멘.

59. 시편 18편(2)

하나님은 내가 거할 곳이다

생명의 주님!
살아 있는 모든 물체는 연약한 존재입니다.
그중에서도 사람의 생명은 너무도 나약한 존재입니다.
보이지 않는 작은 바이러스에 의해서도 죽을 수 있습니다.
작은 미생물과 단세포 하나로도
생명의 위협을 받을 수 있습니다.
말 한마디에도 상처를 받을 수 있고 절망에 빠지기 일쑤입니다.
호랑이나 사자 같은 맹수를 보면 몸을 숨겨야만 합니다.
독사나 이리, 전갈에게 물리지 않기 위해서
조심 또 조심 해야 합니다.
큰 홍수가 나면 살 수가 없습니다.
하늘에서 비가 오지 않으면 농작물을 재배할 수 없고 먹을거리가 없어
굶어 죽을 수도 있습니다.
큰 태풍이 불어오면 어디론가 피해 있어야만 합니다.

사람들은 종교가 다르면 서로 으르렁 댑니다.
기성 종교가 제 할 일을 못하면 이단들이 속출합니다.
그들은 사람들의 영혼을 어두움에 처하게 하고

기도문 225

멸망으로 이끕니다.
탐욕과 소유욕에 빠진 자들은
생명의 소중함과 경이로움을 잊은 지 오래입니다.
오늘날 우리의 입술은 하나님을 외치며 부르고 있습니다.
그러나 마음에서는 하나님이 아니라 거짓의 추함이 가득하고 하나님의 거룩을 짓밟고 있습니다.
매일 뉴스에는
부패와 비리, 불의와 탐욕의 더러움으로 넘치고 있습니다.
지배와 교만, 바벨탑의 뿌리가 하늘에 사다리와 밧줄을 대고 허영의 왕국을 요란히도 선전하고 있습니다.
생명과 죽음의 길을 알지 못하고 악과 선의 가치와 기준도 상실한 지 오래입니다. 오직 힘의 논리와 승자의 정글 법칙만이 존재합니다. 진실과 거짓의 경계선도 무너져 버렸습니다.

그렇지만 한 가지 분명하고 변하지 않는
진리와 사실이 살아 있습니다.
하나님은 흔들리지 않는 나의 반석이시며 나의 안전한 요새입니다.
하나님은 나를 보이지 않는 올무와 진흙탕의 수렁과 웅덩이에서 건지시는 자요 모든 위험의 바람과 홍수 그리고 자연의 재난뿐 아니라 전쟁과 죽음의 위기로부터 피할 바위십니다.
하나님은 모든 원수와 대적들로부터 피할 바위가 되시며 적들의 무서운 칼과 무기들을 막아주실 굳건한 방패시며 나를 구원할 방패십니다.
나는 하나님의 흔들리지 않는 바위에서 삶의 전 존재를 맡기고 살아갑니다. 어떤 원수와 대적들의 위협에도 주님의 안전한 요새에서 털끝 하나 다치지 않는 안전을 구가합니다.
내가 사망의 음침한 계곡을 지날지라도 하나님은 나를 안전케 하시고 깊은 수렁과 죽음의 늪에 빠질지라도 건지시고 살려 내십니다.
아무리 큰 바람과 파도가 칠지라도 하나님은 내게 피할 바위가 되시며 큰 무리의 대적과 원수가 몰아친다 할지라도 그 모든 위험으로부터 나를 둘러칠 산성이 되십니다.
세상에는 안전한 곳도 피할 곳도 없습니다.
우리는 모두 위험과 위기에 노출되어 삽니다.
밤새 유명을 달리하는 사람들이 많이 있습니다.
우리의 모든 것이 하나님의 장중에 붙들려 있습니다.
우리의 모든 것이 주의 손에 붙들려 있습니다.
우리의 생명이 주님을 떠나면 한시도 살 수가 없습니다.
우리가 주님을 떠난다면 죽음과 고통이 가중될 뿐입니다.
우리가 안전히 거할 곳은 주님의 품입니다.

생명의 주님!
생사 화복이 주께 있사오며
우리의 현재와 미래가 주의 손에 달려 있습니다.
오직 주만이 나의 주가 되시며 하나님 되십니다.
주님의 집에 영원히 머물게 하옵소서!
우리 주 예수 그리스도의 이름으로 비옵나이다. 아멘.

60. 시편 18편(3-6)

환난 중에 부르짖으라

생사 화복을 주장하시는 주님!
우리가 사는 날 동안에는 근심과 재난이 떠나지 않습니다.
청년들은 학교를 졸업해도 직장을 구하기가 어렵습니다.
직장이 없으니 결혼을 미루고 가정을 꾸리기를 두려워합니다.
가정을 이룬다 해도 유치원부터 아이들의 사교육비가 엄청나서
자녀를 낳고 양육하기가 힘듭니다.
학교에 가면 학교 폭력이 있고 아동들에 대한 성폭력이 무섭습니다.
여성들이 밤거리를 거닐기가 무서운 세상입니다.
전통적인 가정과 가족의 가치관들이 무너지고 전문화, 세분화된 산업 후기 사회에서 핵가족을 넘어서 홀로 사는 혼자만의 가구가 수백만을 넘어서고 있습니다. 오늘의 문명과 문화가 인간을 공동체와의 관계에서 분리하고 분열시키며 군중 속에 고독을 살게 하고 있습니다. 컴퓨터와 인터넷 그리고 SNS(social network service)의 소통문화가 빠르고 편리한 것 대신에 얼굴 없는 대화를 만들어 내고 무책임한 삶의 결과들을 재생산하고 있습니다. 지구의 온난화와 생태계 파괴, 하천과 바다의 오염, 핵무기 공포와 살인 무기들의 경쟁, 산업문화의 막바지에서 원전 에너지의 위험과 대체 에너지의 한계를 경험하고 사용한 에너지 폐기물이 자연과 창조 세계를 썩게 합니다. 각종 오물과 쓰레기는 더

러워진 인간들의 탐욕과 소유의 찌꺼기만큼이나 쌓여가고 있습니다. 하루 한 순간도 마음 놓고 살 수 없는 불확실한 미래를 살고 있습니다. 종교는 신비를 상실하고 진리와 진실을 외면하며 정의와 사랑은 죽은 지 오래입니다. 단지 신을 대신한 종교의 우상이 우리를 호도하고 있습니다. 여기에 거짓 신들을 내세워 이단들이 득실합니다. 이단들은 맘몬과 성을 내세워 진정한 창조의 신을 대신하고 있습니다. 어둠과 공중 권세의 싸움이 너무도 깊이 우리를 덮어가고 있습니다.
사랑도 인애도 없고 긍휼도 없으며 포악과 살인과 거짓이 우리를 둘러싸고 있는 것입니다. 인간성도 없고 인간미도 찾아볼 수 없으며 존재의 가치와 의미, 삶의 보람을 찾기가 낙타가 바늘귀로 들어가는 것보다 어려운 세상을 살고 있습니다. 학문과 지식은 맘몬과 자본 그리고 타락한 권력에 아부 아첨하며 밥벌이를 하기에 급급하고 그들을 감싸는 더러운 이데올로기의 하수인이 되고 있습니다. 진정한 예언자가 없는 시대입니다. 아니 예언자가 있다 하여도 예언의 소리를 들을 만한 귀가 없는 시대입니다. 이 시대에 우리의 근심과 재난이 한꺼번에 몰려오고 있습니다. 어떤 재난이 이 세상과 역사와 우주를 삼킬지 아무도 예측할 수 없는 시대의 계곡을 건너고 있습니다.

생명의 주님!
그래도 나는 찬송 받으실 하나님께 나의 심정을 토로하고 아룁니다.
내 원수들에게서 나를 구원하시고
주님의 구원의 산성에 안전히 거하게 하옵소서.
사망의 줄이 나를 얽고 불의의 창수가 나를 두렵게 하였으며
음부의 줄이 나를 두르고 사망의 올무가 내게 이르렀어도

주님은 나를 보호하시고 나를 살리시며 나를 피할 바위에 숨기시며
생명의 길과 진리와 사랑의 품으로 인도하심을 믿습니다.
지금은 환난의 시대입니다.
지금은 암흑의 시대입니다.
지금은 악이 악한 생명을 끝없이 해산하는 죽음의 시대입니다.
그러나 주님은 이 모든 악을 물리치시고
죽음으로부터 생명을 잉태하는
생명의 주님이십니다.
우리의 모든 근심과 재난을 물리치시고
생명의 주를 붙들게 하옵소서.
주님만이 나의 주시며
주님만이 나를 돕는 자시며
주님만이 나를 살리시는 자입니다.
오늘도 나는 주를 찬양하며
오늘도 주를 예배하며
오늘도 나는 주 안에서 기쁘고 기뻐서
성령의 새 술에 취하여 찬송을 드립니다.
주께서 이 모든 환난을 면케 하시며 부르짖는 소리에 응답하소서!
주님은 성전에서 내 소리를 들으십니다.
그의 앞에서 나의 부르짖음이 그의 귀에 들렸음을 보았습니다.
주님은 환난에 나의 소리에 귀를 여시고 들으소서.
우리 주 예수 그리스도의 이름으로 기도 드립니다. 아멘.

61. 시편 18편(7-18)

나의 의지할 자 하나님

사랑의 주님!
세상의 모든 것이 나를 버리고 떠납니다.
가장 가까운 자들이 나를 등지고 떠나갑니다.
돈과 권력과 명예가 없음을 보고 떠나갑니다.
건강이 나빠져서 내 몸 가눌 수 없음을 알고 멀어져 갑니다.
그들은 나를 멀리할 뿐 아니라 나를 핍박하고 떠납니다.
나를 조롱하고 힐난하며 비웃으며 떠납니다.
존재보다는 소유에 미친 자들이
나를 가리켜 실패한 자처럼 말하며 가버립니다.
예수 그리스도의 이름으로, 교회라는 이름으로 성공한 자들이 뽐내고
교만하고 오만한 자태를 가지고 나를 조롱하며 비웃음을 보냅니다.
하늘도 나를 버리는 듯 무관심을 보냅니다.

주님께서 나를 죽음의 계곡에서 건지시고
풍랑과 격랑에서 건지시어 살리셨습니다.
아무것도 의지할 것 없는 그때에도
나의 손을 붙드시며 긍휼을 베푸셨습니다.
뜨거운 광야를 지날 때면 나의 그늘이 되시고

어두운 밤이 되면 불을 밝히시어 나를 앞으로 나아가게 하셨습니다.
악한 자들은 나를 쓸모 있다 싶으면 데려다가 부리고
필요가 없다 싶으면 소모품처럼 버려버립니다.
내가 병들어 죽게 되었을 때에도 주님은 나를 붙드시어
모든 병균을 죽이시어 나를 살리셨습니다.
외로울 때는 나의 친구가 되시며
큰 물이 나면 강을 건네게 하시며
집이 없어 떠돌이가 되면 내가 쉴 수 있는 거처가 되셨습니다.
땅이 진동하고 산들의 터가 요동치며
주님의 진노가 산야를 불사르며
코에서는 연기가 오르고 입에서는 불이 나와
모든 것을 살라 버릴 듯합니다.
주님이 내려와 강림하시면 그의 발아래
세상은 해를 잃고 캄캄할 것입니다.
주님은 그룹을 타고 다니시며 바람을 타고 천지를 다니십니다.
주님은 흑암을 숨는 곳으로 삼으시며 장막같이 자기를 두르게 하시고
물의 흐름과 공중의 흐름으로 가득하게 하십니다.
주님 앞에는 광채로 말미암아 숲과 같은 구름이 지나고 우박과 숯불이
내립니다. 하나님께서는 하늘로부터 천둥소리를 내시며 지존하신 우
렛소리를 내시고 그 음성으로 우박과 숯불을 내십니다.
주님은 그의 화살을 날려 죄악에 젖은 자들을 흩으시며
많은 번개로 그들을 깨뜨리십니다.
이 땅은 하나님의 꾸지람과 콧김으로 말미암아
물밑이 드러나고 세상의 터가 나타났습니다.

그 주님은 높은 곳에서 손을 펴시어 나를 붙잡아 주시고
많은 물에서 나를 건져내셨습니다.
주님은 강한 원수와 미워하는 자에게서 나를 건지셨습니다.
그들이 나보다 힘이 강하였기 때문입니다.
그들이 나의 재앙의 날에 내게 도달하였지만
하나님은 나의 의지가 되셨으며 나를 건지는 주가 되셨습니다.
나는 세상과 맘몬의 우상을 의지하지 않고
오지 주님만을 의지하고 주의 권세로
이 세상을 변화시키며 거듭나게 할 것입니다.
주님은 나를 모태로부터 잉태하시고 영원까지 지키시며 살리십니다.
주는 나의 길이요 진리이시며 생명이심을 믿고
영원토록 의지할 주인이십니다.
주님을 의지하는 나는 오늘도 주의 품에 안겨 모든 악을 물리치고
당당히 역사의 한복판으로 나아갑니다.

주여, 나를 붙드는 손을 놓지 마시고
영원토록 주를 의지하게 하옵소서.
우리 주 예수 그리스도의 이름으로 기도합니다. 아멘.

62. 시편 18편(19-25)

주의 율례를 따르게 하소서

사랑의 주님!
이 세상에는 너무도 많은 법과 규칙이 있습니다.
도덕과 윤리의 법이 있고 수많은 종교와 도가 있습니다.
사람이 살아갈 가치를 논하는 철학도 있습니다.
지금으로부터 6000여 년 전에 함무라비 법전이
지금의 세속 실정법의 근원처럼 된 것이 법의 시작이었습니다.
그 법은 왕을 중심으로 한 권력 중심의 강자들이 법이었습니다.
세속의 법은 강제적입니다. 민중과 백성들은 그 법에 저항할 수도 없고 이의를 제기할 수도 없습니다. 하고 싶은 말이나 행동을 표현하면 처벌을 받습니다. 그 법의 울타리 안에 사는 모든 사람은 법을 지켜야만 합니다. 물론 과거의 함무라비 법 이후에 사람들의 역사는 많이 진보되어 소위 백성이 주인이 되는 민주주의 법 아래 살고 있습니다. 그 민주주의라는 정치 체제도 사람들의 자유와 인권이 온전히 보장되는 것은 아닙니다. 그래서 사회 민주주의가 있고 다양한 체제의 실험은 지금도 계속되고 있습니다. 사람들은 혼자 살 수 없기에 서로 권리를 지킬 만한 계약이 필요합니다.
약속을 통해 이러한 공동의 권리와 인권을 지키는 것이 현대 우리 법의 가치입니다.

사랑의 주님!

오늘 우리가 사는 이 세상은 무엇이 삶의 가치 기준이 되는 가를 판단하기 어렵습니다. 무엇이 삶의 원칙이나 푯대가 되는지 알 수 없습니다. 그런데 감사하게도 바로 주님의 말씀 율례가 주어졌습니다.

주님의 말씀은 우리의 가슴을 울리고 회개하고 돌아서게 하며 바른 길을 가게 하는 생명의 법입니다. 성경 혹은 성서가 주어진 것은 사람들에게 최고의 선물입니다. 수많은 책이 홍수를 이루고 인터넷과 사회적 네트워크 소통 매체를 통하여 많은 정보가 우리를 덮고 있습니다. 그렇지만 주님의 말씀을 통해 하늘의 정보를 들을 수 있는 것은 너무도 행복하고 감사한 일입니다.

주님의 율례는 나를 넓은 곳으로 인도하고 나를 기쁨으로 인도하며 나를 구원에 이르게 하였습니다. 하나님께서는 내 의를 따라 상 주시며 내 손의 깨끗함을 따라 내게 갚아 주셨습니다. 이것은 하나님의 도를 지키고 악하게 내 하나님을 떠나지 아니하였기 때문입니다. 하나님의 규례가 내 앞에 있고 내게서 그의 율례를 버리지 아니하셨습니다. 사람이 사람답게 살 수 있고 사람의 도리를 하며 사람의 가치대로 살 수 있는 율례란 선물은 참으로 생명의 근본이 아닐 수 없습니다. 또한 나는 그의 앞에 완전하여 나의 죄악에서 스스로 자신을 지켰나니 그러므로 하나님께서 내 의를 따라 갚으시되 그의 목전에서 내 손이 깨끗한 만큼 내게 갚으셨습니다.

생명의 주님!

율례는 생명의 근본입니다.

율례는 하나님이 우리에게 주신 최고의 선물입니다.

주의 말씀을 주야로 묵상케 하시고
시절을 좇아 과실을 맺게 하옵소서.
사람들이 주의 말씀을 좇아 살 수 있게 하옵소서.
주의 말씀을 상업화하지 않게 하시고
생명의 말씀으로 받게 하옵소서.
더 큰 마음으로
더 깊은 가슴으로
주의 율례를 받게 하옵소서.
우리의 가정이 주의 율례를 따라 살게 하옵시며
우리의 교회 공동체가 주의 율례를 회복하게 하옵시며
이 하나님의 율례를 통하여 민족 분단의 벽을 허물게 하옵소서.
주의 율례를 따라 서로 화목하며
주의 율례를 통하여 우리 사회의 갈등을 풀며
함께 사는 더불어의 공동체를 만들어 가게 하옵소서.
주의 율례를 통해 너와 내가 살고 우리가 살며
나라와 민족이 사는 하늘이 열리게 하옵소서.
우리 주 예수 그리스도의 이름으로 기도합니다. 아멘.

63. 시편 18편(25-27)

주의 자비를 내리소서

생명의 주님!
자비란 남을 사랑하고 가엽게 여기는 마음입니다.
이와 비슷한 말은 긍휼입니다.
긍휼은 불쌍히 여기며 가엽게 여겨 돌보아 주는 것입니다.
요즘의 우리 세태는 이런 자비와 긍휼의 마음이 사라졌습니다.
죽기 아니면 살기로 극단적 경쟁과 삶의 전쟁이 있을 뿐입니다.
나라도 그리고 기업도 교회도 서로 경쟁에 휘말려 싸우고 있습니다.
친구도 동료도 이웃도 경쟁 상대입니다.
생존 자체를 위해서도 그렇고 타인을 지배하고
자기 과시를 위해서도 그렇습니다.
개발 명목으로 자연을 파멸로 몰아붙이면서 사는 이 세상은
마치 허기진 맹수들이 으르렁대는 것 같습니다.
서로 다른 입장을 가지고
나와 너가 아닌 나와 그것의 관계로 살아가고 있습니다.
거기에는 비뚤어진 인간의 심리적 결핍과 열등의식
그리고 소유에 대한 불만이 부글대고 있습니다.
사람들은 지금 가진 것으로 만족하지 못합니다.

사람들은 지금 있는 것으로 감사할 줄 모릅니다.
언젠가부터, 아니 창조 이후 아담의 유혹과 가인의 살인 이후부터 사람들의 생각은 매우 거칠고 탐욕스러워진 것 같습니다.
인간의 가치와 존재 의미를 생각하는 세월은 입술에만 머무는 것 같습니다. 사람들은 조급해지고 포악해지며 사악해진 것 같습니다.
아부와 아첨을 하며 비굴해지고
거짓을 밥보다 더 달고 사는 것 같습니다.
우리는 진실로 죄인임에 틀림없습니다.
하늘을 우러러 주님을 뵐 수 없는 불쌍한 자들입니다.
죽을 수밖에 없고 죽은 존재들입니다.
누구를 향하여 있는지가 중요합니다.
나는 깨끗하다
돌을 던질 수가 없는 사람들입니다.
우리의 영혼은 더러워지고 오물보다
더 추한 썩은 냄새가 땅과 하늘을 진동시킵니다.
아! 죄의 소굴에서 빠져나오기가 너무 힘들고 우리의 힘으로는 불가능합니다. 힘으로도 안 되고 능으로도 안 되며 물질과 권력의 힘으로는 더더욱 안 되며 죄악과 죽음의 늪에서 헤어 나올 수가 없습니다.

사랑의 주님!
이 죄인에게 자비를 베푸소서.
이 죄인에게 긍휼을 내리소서.
이 세상 모든 것을 다 준다 해도
주님 없이는 살 수가 없습니다.

하늘의 자리를 버리고 죄인을 구하러 오신 주님
우주 만물을 다 내려놓고
죄인들을 위하여 몸 버려 죽으신 주님!
가시에 찔리며
쇠 채찍에 맞으며
붉은 선혈을 쏟아내신 주님!
마지막 피 물 한 방울마저 창에 찔려 아낌없이 버리신 주님!
주님의 자비를 주시옵소서.
주님 없이는 죄악을 이길 수 없고
사람답게 살 수도 없으며
새로운 미래를 열 수도 없습니다.
우리의 어두운 영혼의 밤을 거두어 주시고
우리의 무능과 무력감을 없이해 주시며
살아 계신 주님의 자비를 받게 하옵소서.
이름 없는 작은 돌멩이도 뜻이 있어 존재하거늘
하물며 하나님의 형상을 닮아 창조된 사람들이겠습니까?
우리가 가는 길
우리가 서 있는 자리
우리가 앉을 자리에 주님의 자비를 베푸소서.
우리 주 예수 그리스도의 이름으로 기도합니다. 아멘.

64. 시편 18편(26-29)

주가 보시기에 깨끗한 자가 되게 하옵소서

사랑의 주님!
주님의 사랑이 아니라면 한순간도 설 수가 없습니다.
음식을 깨끗하게 먹으려고 더러운 오물을 깨끗한 물로 씻어냅니다.
옷이 더러워지면 우리는 빨래를 합니다.
깨끗한 음식을 담아 먹을 그릇이 필요합니다.
몸이 더러워지면 목욕을 해 청결을 유지합니다.
더러워진 손으로는 깨끗한 음식을 먹을 수가 없습니다.
거리의 청결을 위해 청소를 합니다.
도시의 깨끗함을 위해 이른 아침부터 청소를 합니다.
우리의 건강을 위해 가장 우선되는 것은
맑은 공기와 깨끗한 물입니다.
그런데 이러한 바람과는 다르게 땅이 썩어가고
하천과 강 바다는 오염되고 썩어 가고 있습니다.
이러한 현실은 우리의 욕심과 탐욕이
그 이유임을 부인할 수 없습니다.
지구 온난화로
내일의 기후를 예측하기 어렵게 되었습니다.
농작물이 죽어 가고 어장도 줄어들며

사람들의 삶을 어렵게 하고 있습니다.
우리의 기도가 입술로만 구체적이지도 못하며 이기적이고
탐욕에 젖은 기도가 아니었는지 모르겠습니다.

사랑의 주님!
우리의 마음이 깨끗하기를 바랍니다.
우리의 삶이 정직하기를 바랍니다.
우리의 가지려는 소유욕과 탐욕이 성령의 불로 살아지게 하옵소서.
우리의 겉만이 아니라 속사람이 깨끗하게 하옵소서.
우리의 영혼이 깨끗하며 우리의 관계가 깨끗하며
우리의 교회 공동체가
우리의 가정이
우리의 나라와 사회가
우리의 민족이
우리의 창조 세계가 깨끗하게 하옵소서.
주님은 깨끗한 자에게는 깨끗함을 보이게 하옵시고
사악한 자에게는 거스르심을 보이게 하옵소서.
삶은 곤고한 과정입니다.
무엇 하나 쉬운 것이 없습니다.
자녀를 양육하는 것도 어렵고
가정을 꾸리는 것도 어려우며
학업을 하는 것도 쉽지 않고
사업을 하는 것도 어려우며
나라를 경영하는 것도 어려우며

목회를 하는 것도 기도와 말씀을 연구하고 가르치는 것도 땀이 필요하고
교육하는 것도 사람을 가르치는 것도 정말 어렵습니다.
사람과 관계를 맺는 것
이웃을 내 몸같이 사랑하는 것은 너무도 어렵습니다.
이러한 모든 것을 이루려면
우리의 마음은 곤고함에 처하기가 일쑤입니다.
이렇게 어려움에 처할 때에 주저앉고 싶습니다.
하던 일을 멈추고 싶습니다.
모든 것을 그만두고 싶습니다.
어떤 경우에는 삶을 중지하고픈 심정에 이르기도 합니다.

사랑의 주님!
이 모든 곤고함에서 우리를 건져 주옵소서.
우리가 어떤 경우에도 포기하지 않게 하옵시고
더욱더 주님의 사랑과 믿음, 소망을 포기하지 않게 하옵소서.
우리의 교만함을 흩으시고 진심으로 겸손하게 하옵소서.
주님께서 나의 심장에 등불을 켜시고 밝혀 주옵소서.
주님은 흑암을 밝히시어 우리를 생명의 길로 인도하시는 분입니다.
내가 주님을 의지하고 신뢰하며 모든 원수를 향하여 달려갈 때
내 하나님을 의지하고 담을 뛰어 넘어가게 하옵소서.
우리 주 예수 그리스도의 이름으로 기도합니다. 아멘.

65. 시편 18편(30)

나의 방패가 되소서

생명의 주님!
이 세상을 사는 것은 싸움의 연속입니다.
인자무적이라 누구든지 적을 삼고자 하는 사람은 없습니다.
모두가 서로 화목하고 사랑하며 함께 더불어
살고자 하는 것이 우리 안에 있습니다.
그러나 사탄과 악한 영이 우리를 유혹하고 지배하여
많은 적들을 만들어냅니다.
우리는 첫째로 영적인 싸움을 해야만 합니다.
내 마음이 하나님을 향하여 좌우로 치우치지 않고 길과 진리, 생명이 되시는 주님을 바라보며 예수를 삶의 푯대로 삼고 우리의 눈을 예수에게 고정시키며 나의 자아를 벗어나서 위로는 하나님을 사랑하고 아래로는 이웃을 내 몸과 같이 사랑하는 공동의 선을 향하여 나아가야 할 것입니다.
하나님은 이 세상에서 죄인이 되어 죽은 자로 살면서 온갖 고통에 사는 우리를 구원하시려고 독생자를 보내셨습니다. 그리고 그를 믿는 자마다 하나님의 자녀가 되는 권세를 주셨습니다.
사도 바울은 로마서 12장 2절에 있는 말씀을 통해 너희는 이 세대를 본받지 말고 오직 마음을 새롭게 함으로 변화를 받아 하나님의 선하시고 기뻐하시며 온전하신 뜻이 무엇인지 분별하도록 하라고 말씀하십니다.

아마도 사도 바울이 살았던 시대 역시 타락하고 이기적인 인간들의 삶이 지속된 것 같습니다. 오늘날 여러 가지 실정법이 만들어져 인간의 잘못된 행위를 처벌하고 고치고자 합니다. 그러나 사회는 더욱 악한 모습으로 달려갑니다.

교육의 질을 높이려고 하지만 여전히 교육은 경쟁과 승자 독식 그리고 이기적인 인간을 찍어내는 공장식 교육을 자행하고 있습니다. 크고 작은 교회당이 거리와 골목을 메우고 밤이 되면 빨간 십자가가 우리의 눈을 가로막습니다. 그런데도 세상은 여전히 하나님과 역천하며 죄악에 빠져 허우적거립니다. 모두가 물질을 실재의 신으로 섬기고자 혈안이 되어 있습니다.

이 세대 역시 하나님이 원하시는 모습이 아닙니다. 신자본주의의 물결이 미국의 레이건과 영구의 대처에 의해서 시작된 이후 무한 경쟁 시장이 세계를 뒤덮고 있습니다. 돈이 된다면 수단과 방법을 가리지 않습니다. 모두가 상품이 되어 인격도 심지어 예수와 하나님의 이름을 자기 상품의 브랜드로 내세우는 판입니다. 거기에 윤리와 도덕 그리고 인간의 기본적 상식마저 자리할 수 없습니다. 인간의 미래에 새로운 대안을 꿈꾸는 이상주의나 유토피아가 없습니다. 오직 현실의 욕망의 울타리에 갇혀 어둠을 살고 있습니다. 그러므로 우리는 이 영혼을 죽이는 적들을 막아줄 방패가 필요합니다.

우리가 주님 앞에 서서 주의 생명의 말씀을 주야로 묵상하며
시냇가에 심은 나무가 시절을 좇아
생명의 풍성한 열매를 맺도록 말입니다.
우리가 저지른 죄들을 솔직히 주께 고백하고 그 죄로부터 완전히 돌아서는 회개의 능력을 가질 수 있는 방패가 필요합니다.
우리를 죄 속에 빠지게 하는 수많은 유혹들
소유와 물질의 유혹들
과시하고자 하는 하찮은 유혹들
우리를 병들게 하는 음식의 유혹들(술과 담배 등)
권력 주변에서 자신의 삶을 아부 아첨하고자 하는 나약함들
일시의 쾌락을 위하여 영생의 지성소를 더럽히고 버리는 어리석음들
속과 겉이 다른 두 얼굴의 삶들
나의 가장 큰 적은 밖에 있는 것이 아니라
내 속에 큰 바위와 같이 나를 죄의 유혹에 붙잡고 있는 것임을
알게 하시고 이 모든 것들을 성령의 불로 태우게 하옵소서.
죄가 될 만한 것은 단호히 끊어버리고
버리고 버리며 또 버리게 하옵소서.

사랑의 주님!
하나님의 선하시고 기뻐하시며 온전한 뜻을 살 수 있도록
이 세대를 본받지 말게 하옵시며
주는 나의 영혼과 생명의 방패가 되어 주옵소서.
하나님의 도는 완전하고 하나님의 말씀은 순수하니
그는 자기에게 피하는 모든 자의 방패가 되십니다.

주가 나의 방패가 되시면 영혼의 자유와 기쁨을 누릴 수가 있습니다.
주의 방패로 주를 찬양하며 살게 하옵소서.
우리 주 예수 그리스도의 이름으로 기도합니다. 아멘.

66. 시편 18편(31-36)

하나님은 한 분이십니다

우주 만물을 만드신 창조주 하나님!
이 세상에는 신들(gods)이 너무도 많습니다.
지금 이 세상과 사람들의 영혼을 지배하는 맘몬의 신과
맘몬 아래 움직이는 권력과 그 권력에 아부 아첨하며
생존의 몸부림을 하는 밥벌이 종교인들과
우상의 후예들이 우글거립니다.
경건과 거룩은 겉모양뿐이고
그들의 마음은 잡신들이 가득합니다.
사람들이 신들을 붙잡는 것은
참으로 연약한 존재임을 증명하는 것입니다.
작은 일에도 상처 받고 작은 상처에도 삶을 포기하려듭니다.
생명의 존귀함을 잊어버리고 그에 대한 가치도 잃어버렸습니다.

우리는 박정희 정부를 거치면서 소위 절대빈곤의 삶을 극복한 듯이
보입니다. 자원이 턱없이 부족하니 인재를 키워 농업 등의 일차 산업
을 후퇴시키고 중공업과 이제는 아이티 산업을 통하여 명색이 경제
개발 협력기구의 원조 국가가 되었습니다. 이 나라는 다종교의 전통이
뿌리내리고 있습니다. 그래서 다원주의적 신앙이 혼합되어 나타나고

있습니다. 기존 교회가 모순을 드러내는 동안 신천지, 통일교 등 이단들이 교회 공동체를 흔들어대고 성도들을 미혹하고 있습니다. 문화라는 포장 아래 예수 그리스도를 흠집 내려고 안간힘을 쓰고 있습니다.

생명의 주님!
그러나 하나님은 오직 한 분이심을 굳게 믿습니다.
주님은 하늘과 땅을 창조하시고 그 아래 만물을 있게 하시며
사람들을 하나님의 형상대로 지으셨으며
죄악으로 말미암아 죽었던 사람들과 역사와 이 세상을 구원하시려 이 땅에 예수 그리스도를 보내셨습니다.
이것은 단지 교리가 아니라 하나님이 우리에게 자신을 계시하신 사랑의 마음인 것을 너무도 잘 압니다.
'신들의 신' 만물의 창조주 인간의 생사 화복을 지니신 하나님은 오직 한 분이신 하나님이십니다.
이 믿음에 굳게 서게 하시고 더럽고 추한 우상의 잔재들을 물리치게 하옵소서. 오직 주님만이 내가 의지하고 살 수 있는 하나님이심을 믿습니다.
하나님 외에 흔들리지 않을 반석은 없습니다.
하나님은 주의 힘으로 내게 띠를 띠우시며
내 길을 곧고 바르게 하옵시고
완전케 하시옵니다.
나의 발을 암사슴 발 같게 하시며
나를 나의 높은 곳에 세우시며
내 손을 가르쳐 죄악과 싸우게 하시니

내 팔이 죄악을 향하여 놋 활을 당기게 하십니다.
주님은 구원하는 방패를 내게 주시며
주의 오른손이 나를 붙들고
주의 온유함으로 나를 크게 하셨습니다.
내 걸음을 넓게 하셨고
나를 실족하지 않게 하셨습니다.
주는 나의 주시며
주는 나의 구원이시고
내가 의지할 영원한 생명의 근원이십니다.
주님이 계셔서 나는 주를 뵈옵고
기쁨이 넘쳐 주를 찬양하옵니다.
주여, 이 손을 놓지 마옵소서.
우리 주 예수 그리스도의 이름으로 빕니다. 아멘.

67. 시편 18편(37-45)

모든 다툼에서 나를 건지소서

사랑의 주님!
오늘도 주님은 생명의 주시요 구원의 주이십니다.
주님은 화평과 화해의 주시요 살리는 주이십니다.
넘어진 자는 일으키시고
다친 자는 고치시며
병든 자는 치유하십니다.
주님은 길 잃은 자를 인도하시며
방황하는 자를 붙드십니다.
낙담한 자를 위로하시며
절망한 자에게 소망과 희망의 말씀을 들려주시며
우는 자의 눈물을 닦아 주시며
억울한 자의 한을 풀어 주십니다.
어둠 속에서 밝은 빛을 비추시며
진토에서 새 생명의 씨앗을 트게 하십니다.
악한 자의 올무에서 나를 건지시며
슬픈 자에게 기쁜 소식이 되십니다.
외롭고 고독한 자에게 친구가 되시며
소외된 자의 손을 붙잡아 주십니다.

주님은 거짓된 자를 책망하시며
불의한 자를 응징하시고
억울한 자의 핏소리를 들어 천둥과 번갯불로 내리치십니다.
주님은 의로운 자의 간구를 들으시며
그의 부르짖음을 들으십니다.
원망하고 불평하는 자는 주의 복을 받을 수 없사오며
감사가 넘치는 자는 감사의 복을 받게 하십니다.
주님은 긍휼을 베푸시기를 주저하지 않으시며
주께 구하는 자에게 공수표로 돌려보내지 않습니다.
주님은 아름다운 꽃을 피게 하시며
메마른 사막에 단비를 내려 주십니다.
해와 달과 별이 주를 찬양하며
바다와 강과 하천의 고기들이
주를 위해 춤을 춥니다.
주님은 나를 뒤쫓는 원수들을 돌이키시며
그들을 쳐서 능히 일어나지 못하게 하시고
그들이 내 발아래 엎드러지게 합니다.
주께서 나를 전쟁터에서 능력으로 임하게 하시고
나를 치는 자들을 굴복시켰습니다.
주님은 원수를 물리치시며 나를 미워하는 자를
끊어버리셨나이다.
원수들이 부르짖으나 구원할 자가 없고
하나님께 부르짖어도 그들에게 대답하지 아니하셨나이다.
주님은 원수들을 티끌같이 부서뜨리고

거리의 진흙같이 쏟아 버렸나이다.
주께서 나를 모든 백성의 다툼에서 건지시고
여러 민족의 으뜸으로 삼으셨으니
내가 알지 못하는 백성이 나를 섬길 것입니다.
주님은 진실로 좋으신 분입니다.
주님은 진실로 사랑의 주이십니다.
주님은 나를 정금같이 단련시켜 옥처럼 빛나게 하시고
나를 하늘과 땅 사이에 두어 우주의 깊이를 들여다보게 하십니다.
주님은 나의 발걸음을 살피시어
영원한 희망으로 인도하십니다.
주님이 계셔 행복합니다.
주님이 계셔 사랑을 노래합니다.
주여 나를 모든 다툼에서 건지시고
주를 찬양케 하옵소서.
그들이 내 소문을 듣고 즉시 내게 청종하며
이방인들이 내게 복종합니다.
원수들이 쇠잔하여 떨며 내게 다가옵니다.
주님은 진실로 크고 위대하십니다.
그 크신 주님 품을 떠나지 않게 하옵소서.
우리 주 예수 그리스도의 이름으로 기도합니다. 아멘.

68. 시편 18편(46-50)

하나님은 살아 계신다

생명의 주님!
오늘도 나에게 생명 주시고 주님을 기억하게 하심을 감사드립니다.
소유와 탐욕에서 벗어나서 주를 바라보며 주의 구원의 팔에 안겨
살게 됨을 진실로 감사를 드립니다.
주가 이 땅과 천지에 생명을 만드시고
각각에 이름을 주셨으니 주를 찬양하고 찬송합니다.
바다와 강과 하천에는 물고기가 헤엄치고
산과 숲에는 나무와 꽃과 새들이 춤을 추며 노래합니다.
사람들은 각기 있는 곳에서
자신들의 일을 하며 분주히 살고 있습니다.
크고 작은 사건들로 인하여
슬퍼하고 절망에도 빠지며
깊고 음침한 사망의 계곡에서 염려와 두려움에 떨기도 합니다.
주님의 살아 계심을 모르고 헛되고 허망한 것에 마음을 두며
죽은 것에 절하고 힘없는 우상 앞에 자신을 맡기며 던져버립니다.
밤은 밤대로 하늘의 별과 달을 우리에게 비추고
낮은 태양을 비추어 어둠을 몰아내며
만물의 아름다움을 노래하게 합니다.

백 세의 세상을 주장하지만
우리의 인생이 얼마나 짧고 덧없는
초로와 한바탕 꿈인 것을 모르고
갖은 거짓과 악행과 포악을 일삼으며
주님을 조롱하고 있습니다.
생명의 깊은 비밀을 모르고
자신의 틀과 울타리에 갇혀서
주님을 비웃고 있습니다.
인애도 사랑도 없으며
살인과 악독이 가득차서
자신의 배를 채우는 데
주님의 명예를 송두리째 빼앗아 버립니다.
주님이 사랑하는 고아와 과부와 나그네, 떠돌이를 멸시하고 천대하며
신의도 약속도 헌신짝처럼 버리고 있습니다.
주님의 거룩한 피로 맺은 새 언약을 잃은 채로 지금도
바람 부는 광야를 맴돌고 있습니다.
주님의 신실함을 믿지 못하고
자신의 초등학문을 우상처럼 믿고 의지합니다.
어디서 와서 어디로 가는지도 모른 채로
캄캄한 한밤중을 방황하고 있습니다.
보잘것없는 물질과 하찮은 명예로 위로를 삼고
죽음이 번개처럼 밀려오는 것을 감지하지 못하고 있습니다.
좀 더 자자 좀 더 눕자 하며
황금보다 귀한 시간을 썩을 것을 위해 낭비하고 있습니다.

밤이 지나고 다시 새벽이 동터옵니다.
그리고 겨울이 지나고 봄도 지나며
생명이 진동하는 여름이 가고 가을이 옵니다.

인생의 겨울이 오기 전에
살아 계신 주님을 알게 하옵소서.
살아 계신 하나님을 만나게 하옵소서.
주님을 아는 것이 지식의 근본이며
생명의 원천임을 알게 하옵소서.
정치와 경제, 심리와 상담 그리고 의학과 철학
수많은 학문과 지식이 주님을 아는 것만 못함을 알게 하옵소서.
진정한 복지를 이루시는 분
진정한 복지를 완성시키는 분
나사렛 예수를 만나고 알게 하옵소서.
헤아릴 수 없는 갈등과 싸움
전쟁과 기근과 굶주림을 해결하시는 분
모든 원수를 친구로 삼아 진정한 화해를 이루실 분
진정한 공평과 정의를 이루고
사랑의 시작과 완성을 이루실 분
존재의 깊이와 의미와
삶의 가치를 실현하실 분
지배와 군림이 아닌 섬김의 리더십을 실천하실 분
그 살아 계신 하나님
나사렛 예수를 지금 만나게 하옵소서.

문둥병자를 깨끗하게 하시고
귀신을 내어 쫓으며
38년 된 앉은뱅이를 일으켜 걷게 하신 분
바다 위를 걸어오시며 '내니 두려워 말라' 평안을 주시는 분
하혈병을 앓아 거반 모든 것을 탕진한 여인을 고치신 분
열등의식과 죄책감에 시달리던
작은 자 삭개오에게 구원을 선포하신 분
기도의 집 하나님의 성전을 장사와 도적의 굴혈로 만든
거짓 이스라엘 장사치들의 상을 엎으시고 채찍을 내리치신 분
죽은 나사로를 보시고 슬퍼하며 눈물 흘리시던 분
안식일보다 생명을 귀하게 여기시던 분
세리와 죄인과 어울려 함께 밥상 공동체를 이루시는 분
그 나사렛 예수 주님을 만나기를 바랍니다.

주님은 살아 계신 하나님의 아들이며 그리스도이십니다.
교회의 머리며 몸이십니다.
주님은 거룩한 살아 있는 성전이십니다.
콘크리트에 갇혀 죽어 있는 거짓 신이 아닙니다.
모든 악과 죽음의 원수들을 물리치고
천지를 호령하며 하늘과 땅을 싸안으며
정의와 생명, 화해와 평화를 이루실 분입니다.
하나님은 살아 계시니 나의 반석을 찬송하며
내 구원의 하나님을 높일 것입니다.
하나님이 나의 모든 원수들을 보복해 주시고

민족들을 복종케 할 것입니다.
주께서 나의 원수들로부터 구원하시며
나를 대적하는 자들 위에 높이시며
나를 포악한 자에게서 건지실 것입니다.
하나님이여 이러므로 내가 이방 나라들 중에 감사하며
주의 이름을 찬송하리이다.
하나님께서 내게 큰 구원을 베푸시며
기름부음 받은 자에게 인자를 베푸십니다. 아멘.

69. 시편 19편(1-4)

하나님의 말씀을 듣게 하소서

생명의 주님!
지금 이 세상의 많은 문제 중 가장 큰 것은 생명 경시입니다.
주님의 말씀은 생명을 바로 살게 하는 능력이 있습니다.
그렇지만 오늘의 현실은 주님의 말씀을 듣지 못하고
사람들의 관심에서 멀리 있습니다.
모든 것을 상품화하고 물질화하고 있습니다.
경쟁과 삶의 치열한 전쟁이 있기는 하지만
그래도 나와 너의 생명 경외와 존중을 실천해야 하는데
그러지 못하고 있습니다.
주님의 말씀은 생명의 말씀입니다.
그렇지만 이 말씀이 우리 안에 생명의 씨앗이 되지 못하고 있습니다.
우리 안에 영적 수분도 말라 버렸고
영적 감각도 시들어버렸습니다.
모두가 맘몬에 사로잡혀 휘돌아 가고 있습니다.
물은 많지만 너무도 목마름이 심하여 목이 타고 있습니다.
자신의 생명도 너무 쉽게 생각하고
타인의 생명은 너무도 무관심한 세상이 되어버렸습니다.

주의 말씀을 기다립니다.
주의 생명의 말씀이 우리의 심장에 넘치기를 바랍니다.
주의 말씀이 우리의 혈관을 타고 전신에 흐르기를 바랍니다.
주의 말씀이 하늘과 땅을 울리고
나라와 나라를 움직이며
있는 자와 없는 자를 하나로 묶어가기 바랍니다.
나그네가 주의 말씀을 듣기를 바라고
고아와 과부가 주의 말씀을 듣기를 바랍니다.
우울증에 빠진 자가 주의 말씀을 듣기를 바라고
탐욕에 빠진 자와 거짓을 말하는 자가 주의 말씀에
엎드리는 자가 되기를 바랍니다.

남녀노소, 있는 자 없는 자가 주의 말씀을 버리고 있습니다.
언어도 없고 말씀도 없으며 들리는 소리도 없습니다.
하늘이 하나님의 영광을 선포하고 궁창이
그의 하신 일을 나타내는데도
사람들은 귀를 기울이지 않습니다.
주의 소리가 온 땅에 통하기를 바라고
주의 말씀이 세상 끝까지
이르기를 바랍니다.
주께서 해를 위하여 하늘에 장막을 베푸셨듯이
이 땅에도 생명의 장막을 베푸시기를 바랍니다.
하늘에서 내리는 비는 하늘 문이 열리듯 하나
우리의 마음은 사막화 되어가고 있습니다.

생명의 주여 주의 생명의 말씀이 우리의 마음과 심장을 적시고
우리의 전신을 흐르게 하소서.
주의 언어가 우리의 언어가 되고
주의 말씀에 모든 이가 귀를 기울이게 하소서.
우리 주 예수 그리스도의 이름으로 빕니다. 아멘.

70. 시편 19편(5-8)

주의 말씀으로 영혼을 살리소서

사랑의 주님!
이 세상에 완전한 것은 없습니다.
영원히 존재할 어떤 것도 없습니다.
우리가 바라는 정의와 사랑도 이 세상에서는 완전할 수 없습니다.
디지털 세대라고 해서 완전하고 영원한 것도 아닙니다.
컴퓨터와 소셜 네트워크 시대라고 해서
완전한 지식을 이룰 수도 없습니다.
사람들은 지난 시대보다 더 불완전하고 더 불안하며
희망의 확신을 가질 수 없게 되었습니다.
아프면 병원을 찾고
상처와 괴로움이 있으면 상담자를 찾아가며
배가 고프면 정부에서 주는 양식을 먹습니다.
육신의 복지는 확대되고 있지만
영적인 복지는 땅속으로 꺼져 가고 있습니다.
젊은이들은 어려운 것을 생각하지 않고, 견디기도 쉽지 않습니다.
물질의 부가 오히려 사람들의 정신을 피폐시키며
양극화의 박탈감만 더 크게 하고 있습니다.
부자는 하늘이고 신분의 격차로 없는 자는

삶의 깊은 우울증에 시달리고 있습니다.
부족함이 없는 것 같지만
사람들의 영혼은 허기지고
영적 눈이 멀어 존재의 근원을 잃어 버렸습니다.
모든 것을 육적으로만 해결하려고 합니다.
모든 것을 맘몬에 의지하고
물질로 해결할 수 있다고 생각합니다.
해가 신방에서 나오고 신랑과 같이 기뻐하며
의의 길을 달리는 장사의 힘을 잃어버렸습니다.
주의 능력이 이 끝에서 나와 저 끝으로 운행하면 피할 자가 없습니다.
주의 말씀은 완전하여 영혼을 소생시키며
하나님의 증거는 확실하여
우둔한 자를 지혜롭게 합니다.
지혜와 지식의 근본이 하나님이심을 알게 하소서.

세상의 지혜와 지식은 사람들의 문제를 해결할 능력이 없습니다.
모두가 자기중심의 소유와 탐욕에 미쳐 있습니다.
하나님을 말하는 교회 공동체가 생명은 없고
겉치장에만 매여 있습니다.
정직이 없고 진실도 없으며
사랑도 인애도 없어 무자비한 악이 횡행하고 있습니다.
하나님의 교훈은 정직하며 거짓이 없나이다.
하나님의 계명은 티도 이물질도 없이 순결합니다.
하나님의 교훈과 계명은 우리의 눈을 밝게 하며

어두운 세상을 비추입니다.

생명의 주님, 우리에게 하나님의 계명과 교훈을 주시어
눈을 밝게 하시고 어두운 세상을 비추게 하소서.
우리의 마음과 영혼이 순결하게 하시어
어둔 영혼의 밤을 깨끗하게 하소서.
있는 것으로 족하게 하시고
적은 것으로 만족하게 하소서.
우리의 소유가 행복을 주는 것이 아니라
우리의 명예와 탐욕이 우리의 삶을 윤택하게 하는 것이 아니라
주의 교훈과 계명이 우리를 만족하게 하나이다.

생명의 주님!
우리가 주의 교훈과 계명에 붙들리어
혼탁한 세상을 순결하게 하소서.
우리 주 예수 그리스도의 이름으로 기도합니다. 아멘.

71. 시편 19편(9-12)

순금과 꿀보다 주의 말씀을 더 사모하게 하소서

생명의 주님!
지금은 소위 21세기 탈산업 사회와
지구촌 세계화의 삶을 살고 있습니다.
세계 지구촌의 소식이 한눈에 들어오며 들려옵니다.
살고 죽는 소식들이 매 순간 보이며 귀에 들려옵니다.
동성의 가정 소식이나 성 문제가
우리의 기존 가치관을 흔들어 댑니다.
서구의 윤리와 도덕과 동양의 사상이
짧은 시간에 교류되고 있습니다.
사람들의 가치와 삶의 목적이
무엇인지 알 수 없는 혼돈을 살고 있습니다.
무엇을 붙잡고 살아야 할지를 모르는 시대에 살고 있습니다.
거의 모든 삶들이 돈과 물질이 있어야 사는 것으로 알고 있습니다.
삶의 필요조건은 될 수 있지만
충분조건이 될 수 없음을
모르고 있습니다.
육적 충족이 이루어지면 더 바랄 것이 없는 것처럼 살고 있습니다.
진정한 사랑은 없고 계산된 사랑만 있습니다.

계산이 틀린 것을 알고 나면 이혼과 이별은 순식간입니다.
동서의 지식이 홍수를 이루고 있지만
세계가 우리 눈에 들어오고
우리 마음에 세계가 있는 것 같지만
우리의 가슴은 아무것도 없이 공허하기만 합니다.
사람들의 마음은 불안이 커지고
채울 수 없는 가슴만 깊어지고 있습니다.
사모하는 사랑도 없고 사람도 없습니다.

주여, 우리의 가정과 자녀들이
술과 담배와 노름에 중독되지 않게 하소서.
썩고 더럽고 없어질 것을 사모하지 않게 하소서.
우리의 자녀들이 하나님 말씀을 순금보다 더 사모하고
꿀 송이보다 더 달게 먹게 하소서.
하나님을 경외하게 하시고 그 정결한 도를 영원까지
지키며 사모하게 하소서.
하나님의 법도만이 진실한 줄 믿나이다.
우리 주 예수 그리스도의 이름으로 기도합니다. 아멘.

72. 시편 19편(11-14)

모든 허물에서 벗어나게 하소서

사랑의 주님!
우리의 허물과 죄가 얼마나 많이 있습니까?
우리가 짜낸 머리와
우리가 축적해온 지식과
우리의 이성을 통한 계획이 있지만
우리가 저지른 실수가 얼마나 많은지 헤아릴 수 없습니다.
사람들과의 관계에서
부부 사이에서
부모와 자식 간에
선생과 학생 사이에서
동료 사이에서
교회 공동체에서
사랑하는 사람 사이에서
평생의 우정을 나누었던 친구 사이에서
길을 가는 동안에
운전을 하는 동안에
산과 바다에서
땅과 하늘을 향하여

우리가 저지른 허물이 얼마나 많이 쌓여 있는지 셀 수가 없습니다.
우리의 조급함으로
우리의 악함과 작은 꾀로
우리의 입술과
우리의 거친 행동으로
우리의 손과 발로 지은 허물이 너무도 크고 많음을
알고도 남음이 있습니다.

더 많은 것
더 높은 것
더 크고 웅장한 것
이 나라에서 최고의 것
동양에서 최고의 것
세계에서 최고의 것을 소유하고 자랑하려는
인간의 탐욕과 경쟁과 싸움, 전쟁을 통하여
우리는 너무도 많은 실수를 해 왔습니다.
땅과 바다, 하천과 강은 오염되고 썩어가고 있으며
우리가 먹고 마실 물은 부족하여 샘이 마르고 있고
도시의 콘크리트 빌딩과 아스팔트 길은
뜨거운 열기를 뿜어내고 있고
4대강과 새만금으로 우리의 터전과 생명의 젖줄이
죽어 가고 있습니다.
자연과 백성을 속여 정권을 창출하고 유지하려 하며
국민과 국가의 안위를 지켜야 할 국정원이 정권 창출에 악용되며 하늘과 땅을 속이고 있습니다.
교회도 종교도 밥벌이를 위하여 하나님과 역사를 속이며
정상배들은 나라와 민중, 백성을 팔아 정권 유지를 하려 합니다.
분단의 역사를 만든 세력들은 여전히 분단을 악용하여
자국의 이익을 창출하고
갈등을 조장하여
첨단 무기 장사를 계속하고 있습니다.
개인이 병들면 개인이 죽습니다.
역사가 병들면 시대의 생명들이 병들고 죽어 갑니다.
지도자와 교육자가 속이니
배우는 자가 무엇을 배울 수가 있습니까?
지구 온난화, 생태계의 파괴
이 모든 것이 우리 인간의 탐욕과
허물로 이루어진 것 아닙니까?

교회와 종교는 값싼 은혜로
지금까지 밥벌이 잘 해 왔습니다.
과거에도 그러했듯이
지금도 사실은 신들의 성전이 계속되고 있습니다.
탐욕의 신
무기의 신
거짓의 신
더러운 개발의 신
소유의 신

전쟁의 신
쾌락의 신
중독의 신
맘몬의 신
신을 팔아 자기 뱃속 챙기는 신

오! 주여 우리의 허물을 지울 길이 없습니다.
우리의 거짓을 막을 수가 없습니다.
우리의 거짓됨을 막을 수가 없습니다.
우리는 푸른 하늘을 보고 싶습니다.
우리는 맑은 바다를 보고 싶습니다.
우리는 우리를 달래 줄 시원한 바람을 쏘이고 싶습니다.
우리는 맑은 계곡에 전부를 맡기고 싶습니다.
모든 것을 내려놓고 자연과 하나가 되고 싶습니다.
모든 것을 태초로 돌려놓고 싶습니다.
우리는 처음으로 돌아가고 싶습니다.
우리는 첫사랑을 회복하고 싶습니다.
우리의 더러운 욕망과 허물을 다 태우고 싶습니다.
우리는 처음 만났던 주님의 은혜를 맛보고 싶습니다.
밤하늘에 하늘을 뒤덮는 은하수와
달 속에 계수나무와 떡방아를 찧는 토끼를 만나고 싶습니다.
우리가 아는 모든 것들을 지워버리고 싶습니다.
자연을 정복하는 삶이 아니라 자연과 함께하고 싶습니다.
우리의 미래는 인간들의 손에 달려 있습니다.

그러나 그것은 허물투성이입니다.
그러므로 진실로 우리의 미래는 주님의 손길이 아니면
건질 수가 없습니다.

사랑의 주님!
우리의 허물을 용서하여 주소서!
우리의 허물을 성령의 불로 태우소서.
우리의 허물이 죽음과 멸망의 경고가 되게 하소서.
더럽고 추한 숨은 허물로부터 벗어나게 하소서.
주의 종이 고의로 죄를 짓지 않게 하시고
죄가 나를 주장하지 못하게 하소서.
모든 일에 정직하여 모든 죄과에서 벗어나게 하소서.
나의 반석이요 구속자이신 주여 내 입의 말과 마음의 묵상이
주님 앞에 열납되기를 원합니다.
우리 주 예수 그리스도의 이름으로 기도합니다. 아멘.

73. 시편 20편(1-3)

환난 날에 응답하소서

생명의 주님!
병들어 죽음을 앞두고 어머니를 찾아갔습니다.
한여름에 중절모를 쓰고
두껍고 무거운 긴 겨울 코트를 걸치고
그래도 나를 낳아 주시고 길러 주신 어머니께 마지막 인사는 해야
도리라는 생각으로 찾아간 것입니다.
여러 가지 이유로 고향 집을 버리고
이곳저곳을 떠돌던 가족들이 사방팔방으로 흩어진 후에
나는 대전의 어느 고아원에 머물게 되었습니다.
그 때 나이는 열일곱 다 큰 나이였고
생각과 꿈 많은 물 오른 청소년이었습니다.
살고 죽는 것이 주님의 권한에 있고
잘 되고 못 되는 것이 마음먹기에 좌우되는 것 같지만
그것도 주님의 뜻임을 알 수가 있습니다.
사계절의 아름다운 추억을 간직한 내가
처음으로 낯선 세계를 오락가락하며
한 고아원에 머물게 된 것은 진실로 주님의 뜻이라 생각합니다.
그곳에서 난 부모 없는 고아들의 어렵고 힘든 실상을

눈으로 목격하게 되었습니다.
민족 전쟁을 역사에서 배우며
고아들의 참상을 들은 적은 있으나
내 눈으로 본 것은 처음이었습니다.
그들은 집단적 삶을 살면서 서로 의지하고 부딪히며
배고프고 허기진 것을 너무나 역력히 볼 수 있었습니다.
성경에서나 역사 이래 부모 없이 자라는 고아는 여전히
더 큰 긍휼을 바라는 게 현실입니다.
고아와 함께 과부, 집 없는 나그네의 삶이
얼마나 슬픈지를 알 수가 있습니다.
우리 어머니는 10남매를 출산하셔서
셋은 죽고 일곱이 살아 있습니다.
가족이 고향을 등지고 이리저리 떠돌이가 되어 살면서
그리고 고아원에서 6개월의 삶을 통해
고난과 고통의 의미를 조금은 깨닫게 되었습니다.
고아원을 떠나 서울에 입성하였습니다.
그러나 거처할 곳도 없고 먹을 곳도 없어
꼬박 일주일을 굶어야 했습니다.
지금의 젊은이들은 상상도 할 수 없는 일이었습니다.
나는 박정희 쿠데타 정권의 새마을 운동과 수출 주도형 경제 개발
정책에 흡수되어 공장에서 일하다 결국 병들어 마지막으로 어머니를
찾아 하직 인사를 드리러 간 것입니다.
요즈음 저출산 고령화 양극화는 상대적 빈곤의 박탈감이고
당시는 끼니를 굶는 절대적 빈곤의 시대였습니다.

그때 정부와 기업의 관리들은
우는 사자와도 같이 경제 부흥을 외치며
어린 근로자의 고혈을 짜냈습니다.
저도 그 희생자의 한 사람이었습니다.
1971년 전태일 분신 사건 이후로 동일방직 YH, 원풍 모방 등
수없는 노동 운동이 싹 트고 새로운 역사의 동이 트는 새벽 외침의
노래가 시작되던 시기였습니다.
'굴뚝 사회'에서 인간다운 삶의 존재를 세우기 위한 노래들이 메아리
치기 시작한 것이지요.
이러한 환난, 즉 역사의 소용돌이와 가정의 해체와
몸이 병든 환난의 시절에 주님은 저를 만나 주셨습니다.
병든 나를 안아 주고 살려 주신 분은 어머니와 주님이셨습니다.
정확히 말하면 어머니를 통해 주님이 살려 주신 것입니다.
지금 이 시간까지 주님은 나의 모든 환난에서 건지시고 응답하시며
지켜 주시고 살려 주셨습니다.
저는 오직 주님만을 의지하며 살아 왔습니다.
지금도 주님만을 의지하고 있습니다.
모든 것을 내려놓고 자연으로 돌아갈 수 있습니다.
모든 것을 뒤로하고 주님께로 돌아갈 수 있습니다.
큰 교회를 하고
무슨 업적을 남기고
누구를 위하여 무슨 일을 하고 등등
다 자기 소욕과 탐욕에 있음을 잘 압니다.
자녀들의 출세를 논하고

가정과 가문을 세우고
다 거짓된 인간의 소욕일 것입니다.
사업이 잘 될 수도 있고
하는 일이 잘 될 수도 있습니다.
무슨 일이든 잘 되어야 합니다.
그러나 그것이 주님을 속이고 거스르는 일이라면
망하는 것이 훨씬 좋을 것입니다.
우리의 환난은 인간의 욕심에서 비롯되는 때가 많습니다.
물론 원치 않는 재난이 찾아오는 경우도 있습니다.
질병, 자연 재해 등이 그것입니다.
불의의 사고와 알 수 없는 전쟁도 여기에 속합니다.
그러나 환난의 많은 부분이 욕심에서 시작됩니다.
그런데 이러한 환난의 때에 주님께 부르짖습니다.
진실로 구하고 찾고 문을 두드려 주님께 부르짖으면
주님은 이 모든 환난에서 듣고 응답해 주십니다.
작고 크고가 문제가 아니라 모든 환난에서 우리를 건져 주십니다.
마음의 상처도 치유하고 육신의 질병도 깨끗하게 낫게 하십니다.
환난 날에 하나님께서 내게 응답하시고
우리를 선택하신 이스라엘 하나님의 이름 당신을 높여드립니다.
성소에서 당신을 도와주시고
시온에서 당신을 붙드시며
내 모든 소제를 기억하시며 내 번제를 받아 주실 것입니다.
주님은 생명의 주이십니다.
주님은 사랑의 주이십니다.

주님은 용서의 주이십니다.
주님은 회복의 주이십니다.
주님은 화해의 주이십니다.
주님은 치유하시고 고치시는 주이십니다.
주님은 어둠과 죽음의 악의 세력을 물리치고
기쁨을 간직하며 살게 하시는 에덴의 주이십니다.
주님은 모든 환난을 물리치며 우리의 기도를
응답하는 분이십니다.

주여, 우리를 모든 환난에서 구하시고
우리의 기도를 들어 응답하소서.
우리 주 예수 그리스도의 이름으로 기도합니다. 아멘.

74. 시편 20편(4)

소원과 계획을 이뤄주소서

사랑의 주님!
많은 사람들이 많은 계획을 세울지라도
그 발걸음을 인도하시고 이루실 분은 하나님이시며
그것을 경영하시는 분도 하나님이신 것을 믿습니다.
사람들은 자녀에 대한 계획을 세웁니다.
그들이 건강하게 자라서 좋은 학교에 가며
졸업 후에는 재벌 회사에 좋은 자리에 취업하고
모든 사람에게 인정을 받고 존경 받는 사람이 되기를 원합니다.
교회 공동체에서도 이러한 결과를 위해 기도 프로그램을 하고
이들을 위한 배려와 관심으로 목회 경영을 합니다.
사람들의 생각은 이 세상에서 자신들의 혈육이 앞선 자가 되고
재물도 풍성히 가지며 삶을 과시하는 것으로 만족을 삼으려 합니다.
교회가 성장하고 헌금이 많이 걷히며 성직자가 권력자가 되어
큰 집회를 열고 유명 인사가 되는 것을 자랑으로 삼아 왔습니다.
요즈음에는 국민의 혈세를 거두어 하는 복지 사업도
성공의 잣대로 삼고 있습니다.
땀 흘려 번 돈으로 기부하는 일도 자기 삶의
성공의 한 자락으로 치부합니다.

그러고도 이 모든 세속의 성공이 하나님의 뜻
혹은 하늘의 뜻이라 이해합니다.
우리는 지금까지 모든 성공을 부의 소유와 성공의
잣대로 이해하려 했습니다.
삶의 정의와 바른 과정보다는
목적과 목표의 항구에 닻을 내리면 그만이다는 식이었습니다.
거기에 진실보다는 어떤 수단과 방법이 동원되더라도
오직 성공의 목표를 달성하는 것이
가치 기준과 척도가 되어버린 것입니다.
교회 공동체는 한 술 더 떠서
이 모든 것을 하나님 뜻으로 돌려 버립니다.
자신들의 삶의 탐욕과 소유의 결과를
신의 책임으로 전가하는 것입니다.
거기에 겸손과 신의와 절제와 사랑과 온유의 미덕은
자리할 수 없습니다.
과거의 식민 세력들이 그러하였듯이
이제 대한민국 분단국가의 생각도 경제적 힘의 교만으로
소위 개발이 필요한 개발도상국들에 대해 자원을 착취하고
그들의 발전을 도모한다는 명분을 내세우고 있습니다.
한편으로는 자연을 파괴하며
끊임없는 생태계 분열과 착취의 명분을 주장하고 있는
모순을 행하고 있습니다.
제가 느끼기에는 이제 인간의 바벨탑이 하늘에 닿았고
더이상 오를 데가 없는 것 같습니다.

아직은 아닌가요?
모든 것이 인간의 책임이니 오늘의 인간들이
이 모든 모순을 극복하고 승리할 수 있을 것이라 믿어도 좋은가요?
자신은 도둑이 되고 악을 행했어도 훔친 것과
그 악의 결과로 혈육은 잘 될 것이라 믿어도 됩니까?
후쿠시마의 원전 피해를 덮으려 자기 국민도 속이고
이웃 나라를 속이며 전범들을 찬양하며 전쟁의 희생으로 일생을 한으로 살아가는 우리의 어머니와 누나, 언니, 자매들의 호소를 외면하는 그들의 속셈은 어디에 있습니까?
국정원을 통해 나라의 기강과 민주의 이름을 쓰레기통에 집어넣은 권력의 일당과 하수인들의 인두겁은 무엇으로 된 것입니까?
이 땅에 진실과 사랑과 인애는 없고 거짓과 불의와 부패가 뒤범벅되어 판을 치고 있습니다. 북의 세습은 반대를 하면서도 교회의 세습과 부의 세습 그리고 권력의 세습은 하늘을 찌를 듯합니다.
이곳저곳에서 힘을 가진 자들의
전쟁 준비는 은밀히 진행되고 있습니다.
불쌍한 민중들만 이 사실을 모르고 당할 수밖에 없습니다.

생명의 주님!
그러나 이 모든 것들이 얼마나 부질없는 허망한 계획들입니까?
그 모든 불의한 계획들이 무너지고 주의 날이 임해
불과 유황이 땅을 사를 것입니다.
주여! 우리가 살 수 있는 소원과 계획은
주님의 나라가 이 땅에 이루어지는 것입니다.

주님의 이름을 팔아 장사하는 장사치들이 멸해지고
진정한 평화와 사랑의 꽃이 피며 열매를 맺는 것입니다.
먹을 것과 재물을 창고에 쌓아 놓고 썩게 하는 것이 아니라
서로 더불어 살며 진정한 신뢰와 소망이 싹트는
믿고 살 수 있는 나라가 이루어지는 것입니다.

초막이라도 좋습니다.
빈 들판이나 푸른 나무와 들꽃이 자유롭게 춤추며
평화를 노래할 수 있으면 좋습니다.
매일의 양식이 있으면 그것으로 족합니다.
땀을 식혀줄 산들 바람이 불면 그만입니다.
주의 창조의 은혜를 느끼고 하늘의 은하수를 볼 수 있으면 족합니다.
가끔씩 파도 소리가 들리고
옥수수 이파리들이 바람에 부딪히는 소리면 됩니다.
내가 어디서 왔고 어디로 가는지를 알면 그만입니다.
내가 어떻게 사는 것이 가치 있는 것인지
무엇을 하는 것이 행복의 완성을 향해 가는 것인지를 알면
더 바랄 것이 없습니다.
푸른 하늘에 하얀 구름이 내 마음을 싣고 흘러가는 것을 보고
저녁노을이 붉게 물든 하늘 저 너머에
내 마음이 쉴 수 있으면 족합니다.
제 소원과 계획은 단 한 가지입니다.
내가 주님의 손을 놓지 않는 것이고
우리의 자녀와 나를 아는 모든 사람들이

주님의 진정한 뜻을 알고 실천하는 것입니다.
그들도 나와 같이 주님의 생명의 손 붙들고
이 세상의 썩을 것을 삶의 가치로 사는 허망한 삶이 아니라
주님의 은혜 가운데 영원한 삶을 잇대어 사는 것입니다.
잘나고 성공하는 삶이 아니라
사람으로서 도리를 알고
하늘에 순응하며 주의 날에
최후의 심판을 견디고 살 수 있는 것입니다.
머리가 좋아 하나님과 타인을 속이고 승리하는 삶이 아니라
소자에게 냉수 한 그릇을 정성으로
나눌 수 있는 자가 되는 것입니다.

생명의 주님!
이 소원과 계획을 이루게 하소서.
우리 주 예수 그리스도의 이름으로 기도합니다. 아멘.

75. 시편 20편(5)

하나님의 깃발을 세우소서

사랑의 주님!
이 세상에는 바람에 흩날리는 깃발이 너무도 많습니다.
운동하는 단체의 깃발도 있고
군부대의 깃발도 있으며
각종 기업체의 깃발과
단체들의 깃발이 휘날리고 있습니다.
그 깃발들은 과시와 탐욕과 소유의 깃발입니다.
교회에도 하나님의 깃발은 없고 탐욕의 깃발만 펄럭입니다.
밥벌이 하며 교권을 다투며 잘난체하는
교만의 깃발이 춤을 추고 있는 것입니다.
지구 땅 끝까지 복음의 깃발이 아니라
하나님과 예수를 상품화하는 깃발이 나부낍니다.
지금 인간의 마음과 심장에는 신이 죽어 있습니다.
하나님이 부정되고 그에 대한 두려움과 떨림
그리고 신묘막측의 신비가 사라졌습니다.
신을 조롱하는 바벨탑의 깃발이 온 세상을 덮고 있습니다.
하나님의 말씀의 깃발도 없고
성령의 깃발도 없습니다.

모든 것이 인간 중심입니다.
성의 평등을 주장하며 아버지가 사라졌습니다.
유교든 기독교든 전통적 가정의 가치와 개념은 깨져 버렸습니다.
자유·평등·인권·평화의 개념에는 하나님이 없습니다.
중세 교회가 잘못되어 내려왔고
종교개혁 이후 오늘의 교회와 세상이 하나님을 잃어버렸습니다.
하나님을 강조하며 소위 큰 교회 목사도 하나님을 배반하고
자기 욕심에 빠져 버렸습니다.
크고 작은 게 문제가 아니고
배우고 못 배운 게 문제가 아닙니다.
하나님에 대한 불신앙, 믿음이 없는 것입니다.
니체나 볼테르가 문제가 아니라
지금 우리의 믿음이 문제입니다.
지금 이 시대의 문제는 물질 부족이 아닙니다.
좋은 차 좋은 집이 없어서가 아닙니다.
지금 이 시대의 문제는 하나님의 깃발이 내려진 것이 문제입니다.
하나님에 대한 두려움, 떨림, 신비가 없는 것이 문제입니다.
하나님에 대한 믿음, 신뢰는 없고 하나님의 이름을 상품화하여
자기 뱃속을 차리는 더러운 깃발이 횡행하고 있는 것입니다.
사람들은 진정한 삶의 가치를 아예 어둠 속에 묻어 버렸습니다.
진실로 있어야 할 것은 없고 없어야 할 것은 창궐하고 있습니다.

주여! 이 시대에 주님의 깃발을 펄럭이게 하소서.
여기와 세상과 땅 구석구석까지 주님의 깃발을 휘날리소서.

주님의 강하고 두렵고 떨리는 깃발이 사방팔방에 날게 하소서.
더럽고 추한 인간의 탐욕과 불신앙의 깃발을 모두 내리고
두렵고 떨리는 구원의 신비의 깃발이 세상을 지배하게 하소서.
누구도 의지하지 않고
누구도 눈치 볼 일 없고
누구의 힘에도 굴복하지 않으며
길이요 진리요 생명이신
주님의 깃발 펄럭이게 하소서.
그 깃발 아래 모든 사탄과 악의 세력이 무릎을 꿇고
주님의 영광을 가리우는 이단의 세력들도 무너지게 하소서.
우리는 주님의 깃발을 보고 나아갑니다.
나는 주님의 깃발에 나의 시선을 고정시켜 놓고 삽니다.
어떤 광풍이 불고 파도가 치며
하늘과 땅의 유황불이 나를 덮친다 해도
나는 주님의 깃발을 의지하며 흔들리지 아니합니다.
인간의 힘이 아무리 강하다 해도
악의 세력이 제아무리 강하다 해도
주님의 깃발에 무릎을 꿇을 것입니다.

주여, 교만한 모든 깃발을 내리게 하시고
교만한 모든 깃발을 성령의 불로 사르시고
주님의 깃발을 휘날리소서.
모든 것이 주님 아래 무릎 꿇게 하소서.
우리 주 예수 그리스도의 이름으로 기도합니다. 아멘.

76. 시편 20편(6-9)

구원의 힘

생명의 주님!
인류가 걸어온 길은 길고도 긴 세월입니다.
물론 주님의 창조 시간과 역사 완성의 과정에서 보면 한 정점에 지나지 않지만 우주 만물을 창조하시고 사람을 하나님의 형상으로 창조하신 후의 시간은 아주 많이 흘러갔습니다.
사람들이 유혹에 빠져서 죄의 울타리에 갇힌 후로는 에덴동산, 즉 기쁨의 자리를 떠나서 고통과 고난, 슬픔의 자리에 서게 되었습니다. 욕심이 죄를 낳고 죄가 사망을 낳는 죄와 사망의 연속이었습니다. 죄의 삯은 사망이요 하나님의 은사는 그리스도 예수 우리 주 안에 있는 영생이라 하였습니다.
사람들은 주님의 은혜의 길을 가기보다는 죄의 길을 가고자 하였습니다. 사람들의 역사는 더 많은 땅을 차지하려는 전쟁과 정복, 자기 업적을 위한 과시와 전시의 역사였습니다. 원시 시대 수렵과 채집의 시대부터 돌과 토기의 도구를 사용하던 구석기, 불을 사용하고 농사를 짓기 시작한 신석기와 중세 봉건 시대의 신분 사회를 거치는 중세, 근대까지도 소위 미성숙 시대는 서로 함께 사는 노력이 부족했습니다.
중세와 르네상스까지 신과 교회의 교권을 통한 인간 억압의 시대에서 신은 성직자의 전유물이 되었고 신의 이름으로 사람들은 종교 교리의 울타리에 갇혀 숨을 제대로 쉴 수가 없었습니다. 동서양이 봉건 제후들, 왕과 권력자들 그리고 잘못된 교리와 지도자들이 지배하는 계급 사회가 되어 힘없는 민중과 약자들, 여성과 아이들은 인격적 대우를 받지 못하고 착취 대상이 되어 왔습니다.

그래서 경험론을 제창한 영국의 홉스는 인간사를 만인의 만인에 대한 투쟁사로 규정하기도 했습니다. 그 계급의 벽을 허물기 위해 서구 사회에서 일어난 최고의 혁명은 프랑스 혁명입니다. 신과 교리의 감옥으로부터 인간의 자유와 해방을 역사에 선언한 대 혁명이 일어난 것입니다. 평등과 자유, 박애 정신이 그 주를 이루고 있습니다. 자유가 아니면 죽음을 달라는 외침이 지금도 우주에 메아리치고 있습니다. 계급 불평등에서 지금은 자본의 독점과 그와 결탁한 권력, 그에 아부 아첨하며 밥벌이하는 종교 집단들이 역사를 오염시켜온 지 오래입니다.

생명의 주님!
하나님의 뜻은 모두가 함께 잘 살고 주님을 찬양하며 정의와 공의가 강물같이 흐르며 사자와 이리 그리고 양들이 서로 해치지 않으며 상함 없이 살라는 것입니다. 헤겔을 통해 인간 이성의 절대 정신이 종합된 이성의 시대에도 이것은 이루어지지 않고 히틀러와 모택동, 스탈린, 일본의 군국주의 그리고 이탈리아 무솔리니의 파시즘은 무수한 생명을 살인하고 살상해 왔습니다. 사랑과 인애, 진실과 정의는 없고 인간의 악독이 충만하며 거짓과 포악의 역사만이 흘러오고 있습니다. 이 한반도의 일제 식민 역사와 분단과 민족상잔의 역사 그리고 독재의 사슬과 자본의 극단적 양극화의 역사, 지구촌의 자연과 생태계 파괴, 지구 온난화와 기후 변화 등은 우리의 숨을 조이고 있습니다.

체르노빌과 후쿠시마 원전 사건은 계속될 것이 예견되고 도시화와 아파트, 아스팔트 환경은 지구를 불사를 만큼의 온도를 높일 것입니다.

생명의 주님!
우리가 주 앞에서 자랑할 만한 것이 무엇입니까?
우리가 잘 했노라고 주 앞에 나를 내놓을 만한 것이 무엇입니까?
권력을 쥐었다, 거대 자본을 쥐었다, 종교의 높은 자리에 올랐다, 명예를 얻었다, 많은 땅을 소유했다, 이것이 다 인간의 소유입니까?
이것은 모두 다 주님의 것 아니옵니까?
우리의 생명도 주님의 것이옵니다.
1, 2차 세계 대전 후에 한반도의 민족과 세계 전쟁은 극단의 냉전체제를 유지해오며 핵무기와 첨단 살상 무기들을 경쟁적으로 개발해 왔습니다.
이제 데탕트와 페레스트로이카의 새로운 세계 질서가 형성되는 듯했으나 미국과 영국 신자본주의와 세계화 이데올로기 등을 통해 새로운 제국주의가 기승을 부리고 일본은 군국의 부활을 용트림하고 있습니다. 중국의 동북아 공정과 남과 북의 분단 구조는 새로운 상황에 흘러 들어가고 있습니다. 공존이냐 공멸이냐 외세의 개입을 통한 흡수냐 아니면 상호존중과 함께 사는 희망과 새 창조의 미래 민족 번영이냐의 카이로스적 기로에 놓여 있습니다.

생명의 주님!
오직 구원은 하나님과 주님으로부터 옴을 믿습니다.
세상이 어떻게 변하고 시대가 변할지라도

주의 진리의 말씀에 굳게 서서 복 있는 자가 되기를 바랍니다.
죄와 악과 오만을 버리고 겸손 또 겸손으로 기도하며 주님의 나라가
역사에 펼쳐지기를 바랍니다.
이제 하나님은 교회당에 갇혀 있지 않습니다.
아니 창조 이전부터 주님은 인간의 울타리에 머물러 있지 않습니다.
주님은 자유입니다.
주님은 사랑입니다.
주님은 정의입니다.
주님은 희망입니다.
주님은 우리 모두의 전부입니다.
구원은 주님으로부터 옵니다.
사랑 역시 주님이 아니면 존재하지 않습니다.
주님은 주고 또 주고 지금도 주고 계십니다.
그러나 어둠과 악의 세력은 인간의 탐욕과 욕심을
제어하지 못하게 합니다.
그들은 인간들로 하여금 신의 이름을 빙자해 탐욕과 쾌락의 극한으로
멸망의 길을 가게 합니다. 시대의 징조는 보지 않고 지는 해의 노을은
보고 있습니다.

생명의 주님!
주는 말씀하십니다.
'너의 마음을 비워라'
'너의 탐욕과 욕심도 내려놓아라'
'자연에서 온 것 자연으로 돌아갈 것임을 알라'

'썩을 것을 위하여 일하지 말고 영원히 썩지 않을 영생의 삶을 붙들라'
'하나님의 이름을 만홀히 여기지 마라'
'심은 대로 거두리라'
구원은 주님으로부터 옵니다.
그를 의지하는 자는 복이 있습니다.
그에게 삶의 전부를 맡기는 자는 복이 있습니다.
누구를 미워도 말라
누구를 심판하지도 말라
다만 주를 향해 기도하라
주님만이 우리의 구원의 힘이 되십니다.
하나님께서는 자기에게 기름 부음 받은 자를 구원하시는 줄을 이제 내가 알고 있습니다. 그의 오른손의 구원하시는 힘으로 그의 거룩한 하늘에서 그에게 응답하십니다.
어떤 사람은 병거와 첨단 무기
자기의 이성과 전략
자기 머리와 힘을 의지할 것이지만
우리는 하나님, 우리 하나님의 이름을 자랑할 것입니다.
마귀와 악의 세력은 비틀거리고 엎드러지겠지만
우리는 일어나 바로 서서 걸으며 달려갈 것입니다.
하나님은 우리의 구원의 힘이시며
우리 삶의 전부이십니다.
공의와 정의를 강물같이 흐르게 하시는 분
무한한 사랑으로 우리를 감싸안으시는 분
일흔에 일곱 번 무한대로 우리를 용서하시는 분

불의에 대해서는 단호히 심판으로 응징하시는 분
우리에 대한 사랑을 거두시지 않는 분
그 하나님은 우리의 구원이십니다.
우리의 모든 죽음, 강을 건너게 하시고
은총과 평화와 기쁨을 선물로 주시는 분
그 하나님은 우리의 구원이십니다.

구원의 주님!
주님이 함께하심으로
이 몸은 생기를 찾고
다시 역사의 한복판으로 나아갑니다.
삶의 현장으로 나아갑니다.
거친 광야 거친 빈들로 나아갑니다.
지금도 주님의 구원의 힘 덧입어
주의 길로 나아갑니다.
주여 함께하시고 힘 주옵소서.
우리 주 예수 그리스도의 이름으로 기도합니다. 아멘.

77. 시편 21편(1-13)

주의 능력을 찬양합니다

사랑의 주님!
사람들은 능력을 쌓기 위하여 연구하고 사업을 하며
또한 권력을 잡으려 합니다.
그 결과로 많은 무기를 만들고 생활의 편리를 만들며
삶의 쾌락을 추구합니다.
그러나 돈을 만들기 위해 거짓을 말하고
도덕과 절제를 주장하면서 한편으로는 술과 노름을 조장하며
성매매 근절을 말하며
성을 상품화합니다.
선한 일을 말하면서도
자신의 작은 업적을 쌓기 위해
위선된 삶을 마다하지 않습니다.
주님의 능력을 내세워 교회가 성장한 것으로 자기 뱃속을 채우더니
몰락해가는 교회들을 보며 인간의 어리석음을 보게 됩니다.
대개의 경우 재벌 기업이나 조직과 단체들은 족벌 체제입니다.
자신들의 혈연관계를 넘어서지 못하고
그 속에 탐욕의 씨앗을 잉태하게 됩니다.
욕심이 잉태한즉 죄를 낳고 죄가 장성한즉 사망을 낳느니라는 말씀을 우리는 깊이 새기고 또 새겨야 합니다.

주님의 능력은 무엇입니까?
말씀과 성령을 통해
병을 고치고 귀신을 내어 쫓으며
상처를 낫게 하고
슬픈 자를 위로하며
약한 자를 돕고
답답한 자를 상담하고
꺼져가는 등불을 끄지 아니하고
상한 갈대를 꺾지 아니하며
죽은 자를 살리고
절망한 자에게 희망을 선포하고
가난한 자에게 먹을 것을 주시며
뽑은 자리에 생명을 심고
나누어지고 분열된 곳에 하나 됨을 선포하며
오염된 땅을 살리고
썩은 바다와 하천, 강을 생명이 충만한 곳으로
다시 살게 하는 것이 주님의 능력으로 해야 할 것들이라 믿습니다.
주님은 우리 마음의 소원을 들어 주십니다.
주님은 아름다운 복으로 우리를 영접하시고
우리의 생명을 구해 영원히 장수하게 하십니다.
주님의 우리를 향한 구원은 영광을 드러내시고
존귀와 위엄을 나타내십니다.

주님은 영원토록 지극한 복을 받게 하시며
기쁨과 즐거움을 주십니다.
우리는 하나님을 의지하오며 지존하신 주님의 능력으로
흔들리지 않습니다.
우리는 썩어질 사람들의 능력을 의지하지 않습니다.
우리는 땀 흘리지 않는 수고로 부귀를 취하지 않습니다.
우리는 신의 이름을 상업화하여 행복을 구가하지 않습니다.
사람들은 대개 처음 사랑을 잊어버립니다.
불신앙과 욕심이 찾아와서 그러합니다.
사탄과 마귀, 악령의 세력들은 우리를 끊임없이 유혹합니다.
우리가 빛을 보며 사는 것을 시기하고 질투합니다.
그러나 주님의 말씀과 성령의 능력은 우리로 하여금
믿음 안에서 흔들리지 않고 굳게 서 있도록 지켜 주십니다.
자녀들에게 물려줄 것은 재물과 가문이 아닙니다.
최고의 유산은 하나님에 대한 믿음과 말씀이며 기도하는 훈련입니다.
이 세상을 어떤 가치로 살 것인가를 가르쳐 주어야 합니다.
힘을 가진 국가들은 힘없는 자들의 자원을 빼앗으며
전쟁을 통해 자신들의 비싼 무기를 소비하기를 바라고
사실은 그들의 자본의 노예가 되기를 바라고 있습니다.
악의 세력은 우리 곁에서 언제나 생명을 노려보고 있습니다.
이 모든 것을 간파하고 이길 힘은 주님의 능력 외에는 없습니다.
우리가 이러한 주님의 능력을 무시하고 멸시하면
죽음과 멸망뿐입니다.
주님을 멸시하는 자들은 주의 분노와 진노로 소멸되고

땅에서 그 후손이 끊어질 것입니다.

생명의 주님!
주의 능력을 진실로 찬양합니다.
길이요 진리요 생명이신 주님의 능력을 믿습니다.
바다 위를 걸어오시며 '내니 안심하고 평안하라' 하신
주님의 능력을 믿습니다.
40년 된 앉은뱅이를 고치시며
혈루증으로 죽을 수밖에 없는 여인을 고치시며
눈 먼 자의 눈을 보게 하며
손 마른 자의 손을 펴시며
귀신 들린 아이를 온전케 하시는 능력을 믿습니다.
죽은 나사로를 다시 살리시며
귀머거리의 귀를 듣게 하시고
주리고 허기진 자들의 배를 채우시는 주님의 능력을 믿습니다.
주님은 병든 역사를 살리시며
분단된 조국의 담을 허시고
우리의 한의 깊이를 떨쳐내고
새 에덴과 생명의 강가로 인도하실 것입니다.
주님은 생명을 포기하지 않도록 하실 것입니다.
주님은 처음 사랑을 포기하지 않을 것입니다.
주님은 나를 끝까지 버리시지 않을 것입니다.
주님은 겸손한 자에게 능력을 주실 것입니다.
주님은 모든 것을 비우고 주님만을 사모하는 자에게

능력을 주실 것입니다.
주님은 욕심과 죄에서 떠난 자에게 능력을 주실 것입니다.
주여! 이 종에게 주의 능력을 주소서.
우리 주 예수 그리스도의 이름으로 기도합니다. 아멘.

78. 시편 22편(1)

나를 버리지 마소서

사랑의 주님!
창조 때부터 만물은 신음하고 있습니다.
가인의 아벨에 대한 분노와 시기,
질투로 인해 첫 살인이 시작된 때부터
이 세상에는 싸움과 전쟁, 갈등과 살인, 분쟁과 분열이
한 번도 멈춘 적이 없습니다.
인간들의 마음속에는 지배의 욕망과 탐욕의 욕심이 가득 차 있습니다.
욕심은 깨진 독에 물붓기처럼 채워지지 않습니다.
재벌은 더 큰 재벌의 독점을 위해
자식에게 일감 몰아주기를 하고
크고 작은 종교 집단들도
세습을 부끄러운 마음 없이 진행하고 있습니다.
인류 역사에서 권력과 부의 세습은 계속되어 왔습니다.
이 세습에 저항하고 불의를 지적하는 민중들은 투옥되거나
죽음을 면치 못했습니다.
예언자들은 자신의 뜻과는 다르게 하늘의 명령에 순종하여
고난과 고통, 그리고 죽음의 길을 가야 했습니다.
세상과 자본과 권력에 아부하는 거짓 평화

밥벌이하는 종교와 타협하는 순간 그는 예언자가 아닙니다.
여우 같은 아내와 토끼 같은 자식, 늙은 부모를 생각하면
타협하지 않을 수 없습니다.
그러나 예언자는 이 땅과 썩을 것에 매여 사는 것이 아니라
하늘의 권세와 그 명령에 죽고 사는 자입니다.
예언자는 이 땅의 만족과 행복을 위해 사는 자가 아닙니다.
예언자는 이 땅의 부귀와 명예를 위해 사는 자가 아닙니다.
예언자는 두 얼굴 이상의 삶을 사는 자가 아닙니다.
예언자가 없는 시대는 희망을 잃은 시대입니다.
예언자의 입을 막는 시대는 생명을 잃은 시대입니다.
예언자가 고통과 고난이 가중되는 시대는 회개를 해야 할 시대입니다.
사람들은 많은 것에서 버림을 받고 삽니다.
부모에게 버림받은 아이들이 있습니다.
가정에서 버림받은 사람들이 있습니다.
친구들에게 버림받은 아이들이 있습니다.
직장에서 버림받은 사람들이 있습니다.
세상에서 버림받은 사람들도 있고
나라로부터 버림받은 자들도 허다하며
자신에게 버림받은 자들도 많습니다.
땅과 바다와 강과 하천이 오염되고 상처투성이가 되어 있습니다.
무너지고 깨어지고 버려진 것들로 포화 상태가 되어 버렸습니다.
사람들과 만물들은 신음하고 있습니다.
우리의 먹을거리를 생산할 땅이 신음하고
바다와 강과 하천도 신음하고 있습니다.

가정들이 신음하고 있습니다.
세상살이가 너무도 힘겨워 아이들이 가장들이 아내들이
신음하고 있습니다.
너무도 힘이 겨워 삶을 마감하는 자들도 있습니다.
노후가 너무 외롭고 살길이 없어 삶을 중단하는 사람들도 있습니다.
삶을 포기하는 자들로 이 나라가 일등이라고 합니다.
빈자와 노숙자 그리고 변두리로 밀려난 자들이
신음하고 있습니다.
사탄과 악의 존재들이 미소로 협박으로
우리의 생명을 포기하도록 유혹하고 강요합니다.

주님! 이 손을 놓지 마소서.
나를 버리지 마소서.
나의 가정을 버리지 마시고
우리의 교회 공동체를 버리지 마시며
이 나라와 이 세상을 버리지 마소서.
주님이 만든 이 아름다움, 창조의 세계를 버리지 마소서.
비록 인간들의 탐욕과 욕심으로 병들고 상처투성이가 되었지만
이 신음하는 피조물들의 부르짖음을 들으시고 버리지 마소서.
우리 주 예수 그리스도의 이름으로 기도합니다. 아멘.

79. 시편 22편(2)

응답하소서

매 순간마다 사람들은 부르짖습니다.
부자가 되게 해 달라고 부르짖으며
사업이 잘 되게 해 달라고 부르짖으며
자녀가 잘 되게 해 달라고 부르짖으며
자신은 죄를 지으며 악을 행하면서도
선한 사람이 되기를 부르짖습니다.
부모는 자식의 거울이며 하늘이며 바다입니다.
부모는 자식의 길이며 본이며 근본입니다.
부모가 하늘의 뜻에 순종하며
하나님의 말씀에 귀를 기울이고
그 말씀대로 산다면 말입니다.
어느 때나 어느 직업이나 가짜도 있고 진짜도 있습니다.
하나님의 이름을 팔아 자기 뱃속을 채우는 자도 있고
성직의 이름을 팔아 장사하는 자도 있습니다.
진실을 추구하는 자도 있고
거짓을 밥 먹듯이 하는 자도 있습니다.
존재와 의미에 사는 자도 있고 소유와 쾌락에 사는 자도 있습니다.
악과 죄를 도모하며 즐기는 자도 있고

악과 죄를 멀리하며 꾸짖는 자도 있습니다.
혈육 안에 갇혀 사는 자도 있고 역사를 위해
혈육의 고통과 고난을 자초하는 자도 있습니다.
선의 얼굴을 하며 악을 사는 자도 있고
악에서 돌아서서 선을 추구하는 자도 있습니다.
꾀를 부리고 사는 아부와 아첨꾼도 있고
진리에 자기 존재를 거는 자도 있습니다.
정의를 외치며 불의에 젖어 사는 자도 있고
불의에서 돌아서서 정의의 최후를 맞는 자도 있습니다.
삶의 깊이를 사색하는 자도 있고
깊은 바다의 비밀과 우주의 비밀을 알려 하는 자도 있고
도랑에서 헤엄치며 만족하는 자도 있습니다.
자신이 있는 자리에서 역사와 세상의 중심을 보는 자도 있고
세상을 다 돌아다니면서도 자신의 뱃속도 보지 못하는 자가 있습니다.
하늘을 보려고 높은 곳에 오르면서도
낮은 언덕의 진리를 보지 못하는 자도 있고
낮은 곳에 살면서도 하늘의 진리를 깨닫고 실천하는 자도 있습니다.
권력과 명예를 내세워 위선자의 모습을 사는 자도 있고
물질을 소유하며 갖은 악을 행하며 사는 자도 있습니다.
싸우는 자는 어리석은 자요
다투는 자도 어리석으며
질투하고 시기하는 자도 어리석고
전쟁을 공모하는 자는 더욱 어리석은 것입니다.
앉아서 천리를 보는 자가 있고

서서 한 치 앞을 보지 못하는 자가 있습니다.
생명을 죽이는 자가 있고 생명을 살리는 자가 있습니다.
주는 자가 있고 받는 것만 기다리는 자가 있습니다.
사람들은 지금도 부르짖습니다.
물질도 주고 행복도 달라고 합니다.
주님이 몸 찢어 모든 것을 주셨지만
지금도 더 달라 부르짖습니다.
구하고 찾고 문을 두드리라는 말씀으로
인간들의 욕심을 채우려 합니다.
감사가 없습니다.
미안한 마음이 없습니다.
부끄러워하는 마음도 없습니다.
잔꾀만 늘어났습니다.
잔머리만 굴립니다.
속임수만 발달했습니다.
진실과 인애와 사랑은 없고
거짓과 포악과 악덕만 늘어났습니다.

주여! 인간들의 마음을 바닥으로부터 바꾸소서.
사람들 마음의 근본을 바꾸소서.
그리고 생명의 신음에 귀를 기울이고 응답하소서.
예수 그리스도의 이름으로 기도합니다. 아멘.

80. 시편 22편(3-8)

나를 조롱하고 비웃는 자들을 깨우쳐 주소서

사랑의 주님!
교회 지도자들과 성직자들의 비리와 부패의 현실이
밝혀지고 보도될 때마다 주님의 영광이 가려집니다.
이단과 인정되지 못한 교단들의 일이 알려진다 해도
세상에서는 주님의 교회가 욕을 보이게 됩니다.
한국교회는 어마어마한 성장을 하였습니다.
불교는 고구려 소수림 왕 372년에 들어와 삼국을 거쳐
통일신라 천오백 년의 세월을 살아오고 있지만
이 땅의 기독교는 천주교가 1784년 그 후에 개신교가 1884년에 들어와
불과 100여 년의 짧은 시간에 폭발적 성장을 이루어 왔습니다.
불교의 타락으로 이씨 조선 오백 년은 억불숭유 정책을 썼고
유교가 타락해 정권의 당파 싸움으로
민족의 운명이 풍전등화가 되었을 때
하나님은 이 민족의 구원을 위해
성령으로 충만한 선교사와 복음의 전도인을 보내시고
특별히 이 날에 성령의 능력을 물 붓듯이 부어 주셔서
세계 교회사에 유례 없는 선교의 역사를 이루게 하셨습니다.
탐관오리들의 부패와 일제의 침략적 착취로 말미암아

민중의 인권이
억압되고 짓밟히며 광복된 그 날이 분단으로 이어지고
분단은 같은 혈육의 동족상잔을 낳으며
민족의 운명이 역사에서 희미하게 되어 가는 때에도
하나님은 이 민족을 사랑하셔서 긍휼과 사랑을 베푸셨습니다.
분단된 이후에는 남쪽에서는 독재와 부패의 정권 학살의
군사 독재가 거의 반세기를 이루어갔지만
그래도 민중의 피와 땀을 어여삐 여기셔서
경제 부흥과 민주의 삶을 이루기까지 돌보셨습니다.
독재와 독점 그리고 민중의 희생이 있었고
갈등과 분열이 지속되었고 IMF 위기와 평생직장의 해고와
가정 해체의 아픔을 경험했지만
민족의 길을 인도하시고 붙잡아 주시는
주님의 손길은 여전합니다.
외환 위기와 국제 금융위기를 겪고 신자본주의하에
양극화의 첨예한 사회악을 경험하고 있지만
주님은 아직도 우리를 사랑하고 있음을 믿습니다.

사랑의 주님!
청소년과 노인 그리고 없는 자들의
생명의 포기가 계속되는 현실이지만
사람들은 회개할 줄을 모릅니다.
교회 지도자와 성직자들의 비리와 불의가
계속되지만 사람들은 부끄러운 줄을 모릅니다.

세상이 우리를 조롱하고 비웃습니다.
악마와 사탄이 우리를 조롱하고 비웃습니다.
너희 하나님이 어디 있느냐며 종일토록 비웃습니다.
하나님은 어디 계십니까?
하나님은 우리와 함께하심을 믿습니다.
그런데 하나님이 함께하신다면
어찌 그런 일이 있을 수 있느냐 묻습니다.
그것은 하나님의 일이 아니라
마귀의 유혹에 매인 결과입니다.
사람은 실수할 수 있습니다.
사람은 잘못할 수도 있습니다.
그러나 같은 잘못을 계속해서는 안 됩니다.
주님은 우리의 찬송 중에 계시며 거룩한 분이십니다.
우리 조상들이 주님을 신뢰하였고
또 신뢰하였으며 주께서 우리를 건지셨습니다.
조상들이 부르짖어 구원을 얻고
주를 신뢰함으로 수치를 당치 아니하였습니다.
나는 벌레요 사람이 아니라
사람의 비방거리요 조롱거리입니다.
나를 보는 자는 다 나를 비웃으며 입술을 삐쭉거리고
머리를 흔들며 말하되
하나님께 의탁하니 구원하실 걸
그를 기뻐하니 건지실 걸 조롱합니다.

생명의 주님!
그럴수록 저는 주를 믿고 의지합니다.
이 믿음에서 저를 지키시고 구원의 오른팔로 굳게 잡으소서.
주는 붙드는 자요 버리는 자가 아님을 믿습니다.
주님은 외면하는 자가 아니라 안아 주는 자요 살리시는 자입니다.
주는 과거만의 주가 아니라 지금도 그리고 영원한 주이심을 믿습니다.
주님은 약한 분이 아니라 우주 만물을 무릎 꿇게 하신 분이십니다.
모든 악의 세력과 사탄의 세력이 그의 발아래 묻힐 것입니다.
주는 나의 주시요 우리의 주시며
영원히 함께하실 분입니다.
넘어진 자를 일으키시고
찢어진 자를 꿰매시며
뽑힌 자를 다시 심어 풍성한 열매를 맺게 하실 분입니다.
주님은 주로 인해 핍박과 조롱, 비웃음을 당한 것보다
더 큰 것으로 갚아주시어 우리를 넘치는 자로 살게 하십니다.
축복의 신학, 승자의 신학은 번영의 신학은
바로 된 길을 가면
잘못이 아닙니다.
그것이 이기적 탐욕이 아니라
모두가 함께 사는
길로 간다면 잘못이 아닙니다.
하나의 길이 막히고 하나의 문이 닫히면
새로운 또 하나의 길과 문이 열립니다.

주여, 우리의 삶이 가시밭길
사망의 어둡고 음침한 길을 갈지라도
포기하는 일 없게 하소서.
우리 주 예수 그리스도의 이름으로 기도합니다. 아멘.

81. 시편 22편(8-21)

속히 나를 도우소서

생명의 주님!
잉태된 어린 아이는 어머니의
도움을 열 달 정도 받습니다.
엄마는 그 자신과 아이를 위해
필요한 영양분을 충분히 섭취해야 합니다.
아이는 엄마의 영양뿐 아니라
그의 심리적 상태나 언어 구사
또한 생각과 행동 등의 영향을
절대적으로 받게 됩니다.
내적인 환경뿐 아니라 외적인 환경도
영향을 받는다는 것입니다.
아이는 이 세상에 태어나서도 조산원이나 가족의 도움이 필요하고
성장 과정에서도 엄마와 아빠 혹은 가족들의 도움을 필요로 합니다.
그러나 어머니 뱃속에서부터 혹은 세상에 나온 후로도
엄마와 아빠로부터 버려지고
주변 사람들과 환경에 의해서
아무런 도움을 받지 못하는 생명들도 있습니다.
고대나 중세에는 신분에 의해서

이러한 차별을 받고 태어나 살아야 하는
비인간적 시대가 있어 왔고
지금은 자본에 의한 차별과 태어나는 나라나 국가의 형편에 따라서
기본권도 도움 받지 못하는 아이들이 많이 있습니다.
한 국가와 사회에 살면서도 이러한 양극화의 차별은 존재합니다.
적어도 아시아와 아프리카, 남미
특히 지구의 남쪽에 사는 아이들과 사람들은 태어날 때부터
그러한 차별된 환경에서 굶주려 죽거나
병들거나 혹은 내전으로 말미암아
살아보지도 못하고 삶을 불행하게 살다
짧은 삶을 마치는 경우가 허다합니다.
지금도 적어도 하루에 수백만의 어린 아이들과
생명들이 이러한 죽음에 방치되어 있습니다.
오늘날 이 세계는 개인적 탐욕과 이기주의도 문제이지만
국가적 이기주의와 탐욕 그리고
다국적 혹은 초국적 탐욕과 이기주의로 말미암아
불평등하고 비인간적인 삶을 많은 나라와 민중이 살고 있습니다.
세상에 도와줄 손은 적지만
도움을 내미는 처절한 손길은 너무도 많습니다.
지금 이 순간에도 먹을 것이 없어 굶주려 죽는 아이들과 사람들
맑은 물 한 모금 마시지 못해 더러운 물을 마시고 병들어 가는 사람들
내전으로 난민이 되어 고아와 과부와 떠돌이가 되어 사는 나그네들이
지구촌 곳곳에 널려 있습니다.
인간의 생명을 무한대로 살상하는 핵과 무기들을

생산하는 비용은 무한대로 소비하면서
이들에게 물과 식량은 주어지지 않고 있습니다.
사랑과 자비와 하나를 말하면서도
이들을 바라보는 시선은 차갑고
신과 창조주를 말하는 사람들마저도 이들을 외면하며
귀찮은 듯이 살아가고 있습니다.
태어날 때부터 장애가 된 아이들
불의의 사고로 장애가 된 사람들
가정이 해체되어 고아 아닌 고아가 된 아이들
병들어 햇빛을 보지 못하고 침대의 울타리에 갇혀 사는 자들
다문화 가정이 되어 변두리로 밀려 사는 사람들
이들 모두 도움의 손길이 필요합니다.
청소년 시절에 출구를 찾지 못해 삶을 포기하려는 아이들
직장에서 쫓겨나고 사업이 실패하여
가장의 자리를 지키지 못하는 이들
사랑하는 사람과 이별로 슬퍼하는 사람들
가장 믿고 사랑하는 이로부터 배신을 당하여 분노하는 사람들
이런 저런 상처로 마음이 분열된 자들
이들 모두 도움의 손길을 필요로 합니다.
작은 소자에게 냉수 한 그릇을 주는 것이 주께 하는 것이다,
이 모든 자비와 사랑의 행위를 모두 기억한다 하십니다.
사람은 혼자 유아독존처럼 살 수 없는
사회적 정치적 관계적 존재입니다.
우리는 피차 도움이 필요하고 도움을 주고받으며 삽니다.

절대적 왕도 신하와 백성이 있어야 하고 절대 권력을 갖고 있는
대통령도 국민이 있어서 대통령입니다.
뇌 세포 하나는 적어도 이십 만 개의 다른 뇌세포와 소통이 있어야
건강한 세포로 살 수 있습니다.
인간은 소통의 공간이 없으면 삶을 유지할 수 없습니다.
살아 있는 모든 것은 서로 도움이 있어야 하고 돌봄이 있어야 하며
서로 필요를 채워 주어야 합니다.

생명의 주님!
지금의 자연은 사람들의 절대적 도움이 필요합니다.
더이상 인간들의 탐욕과 착취 대상으로서가 아닌
공존하는 자연으로서 인간의 도움 말입니다.
정복이 아니라 함께 사는 존재로서의 실천 말입니다.
하나님과는 수직의 관계가 필요합니다.
그러나 사람들끼리의 관계는 수평적 소통이 절실합니다.
일방이 아니라 쌍방의 소통 말입니다.

주여! 이 종도 주님의 도움이 절실하게 필요합니다.
우리 아이들 대민이와 아름이
그리고 나의 아내도 주님의 도움이 절실하게 필요합니다.
그들에게 믿음을 주시고
성령의 기름을 물 붓듯 부어 주시기를 기도합니다.
하나님의 말씀을 붙들고 살게 하시며 말씀을 주야로 묵상케 하소서.
먼저 하나님의 생명의 양식을 풍족하게 먹게 하시고

이 땅에 사는 동안 감사를 알게 하시며
받는 자보다 주는 자의 복을 누리게 하소서.
우리 주 예수 그리스도의 이름으로 기도합니다. 아멘.

82. 시편 22편(22-31)

겸손한 자가 되게 하소서

사랑의 주님!
사람들은 모두가 자기가 최고인 줄 알고 삽니다.
그것은 나름 자존감일 수도 있습니다.
그러나 거기에는 자칫하면 자기 외에는 다른 것 다른 사람이
없다고 생각하는 자만에 빠질 수 있습니다.
자기 의사에 반하거나 자기 뜻대로 복종치 아니하면
나쁜 사람으로 규정해 버립니다.
모든 사람은 자기 말을 들어야 하고
모든 사람은 자신의 의견에 동의해야 하며
모든 사람은 자신의 울타리에 들어와야 한다고 생각합니다.
물론 불의와 타협하거나 거짓과 악, 죄에 합류할 수는 없습니다.
진정한 겸손은 하나님 앞에 무릎 꿇는 것이다,
라고 어거스틴은 말합니다.
겸손한 자만이 지도자의 자격이 있고
겸손한 자만이 사랑할 수 있으며
겸손한 자만이 하나님께 영광을 돌릴 수 있습니다.
겸손의 사람은 언제나 소유를 버릴 수 있는 사람입니다.
그는 모든 것이 하나님의 것임을 알기 때문입니다.

겸손한 자만이 하늘과 땅을 사랑할 수 있습니다.
겸손한 자만이 누군가를 위해 기도할 수 있습니다.
하나님은 겸손한 자의 기도를 들으십니다.
예수 그리스도는 겸손함으로 하나님께 복종과 순종을 하였습니다.
겸손을 아는 자는 자신의 생명까지도 타자를 위한 것임을 압니다.
겸손한 자는 자신을 앞세우지 않습니다.
겸손한 자가 감사의 마음을 가집니다.
겸손한 자만이 타인을 배려하고 관용할 수 있습니다.
겸손한 자만이 남을 도울 수 있습니다.
우리는 예수 그리스도에게서 겸손의 마음을 배워야 합니다.

주님! 주님에게서 진정한 겸손을 배우게 하소서. 아멘.

83. 시편 23편(1)

하나님은 나의 목자

사랑의 하나님!
이 세상에는 길을 잃고 유리하는 사람들이 너무도 많습니다.
가정의 목자가 없어 방황하며
길을 찾지 못하는 자녀들이 너무도 많습니다.
직장의 목자가 없어 고통을 당하는 어린양들이 부지기수입니다.
학교에서 목자가 없어 갈 곳의 목표를 잃는 자들이 많습니다.
많은 사회단체나 조직에서도 참된 목자가 없어 흩어지고 있습니다.
하나의 생명의 말씀과 생명의 영
생명수의 목자가 없어 갈증을 느끼고 목이 타고 있습니다.
우리는 목자 잃은 양입니다.
우리는 길을 잃은 유리하는 양입니다.
우리는 푸른 풀밭 맑은 시냇가를 잃은 굶주린 양 떼입니다.
굶주리고 목이 말라 하늘을 향하여 울부짖습니다.
참 목자를 기다리다 허기진 배를 채울 길 없어 부르짖습니다.
사랑의 임 기다리다 목이 길어진 어린 양입니다.
물이 넘쳐도 마실 물은 없습니다.
먹을 것이 남아 썩어져도 먹을 양식은 없습니다.
우리는 진실과 진리의 목소리를 기다리는 길 잃은 양입니다.

우리는 사랑의 목자를 기다리다 잠든 양입니다.
우리는 푸른 초장을 찾다가 지친 양입니다.
우리는 맑은 시냇가를 찾다가 상처투성이가 된 양입니다.
기다리고 기다려도 아무도 오지 않습니다.
불러도 목이 터져라 외쳐도 누구도 돌아보지 않습니다.
이 세상에 진정한 긍휼을 베푸는 목자는 없습니다.
하늘은 하늘이고 바다는 바다일 뿐입니다.
우리가 모든 것을 내려놓고
우리가 모든 것을 포기하고
우리가 전적으로 주님만 기다릴 때
낮고 부드러운 음성이 들려왔습니다. 그분은 나의 목자이십니다.
나의 목자이신 당신의 손 붙잡게 하소서. 아멘.

84. 시편 23편(2)

푸른 풀밭 쉴 만한 물가

생명의 주님!
주님은 우리의 재판장이십니다.
주님은 우리의 최후 심판자이십니다.
주님은 우리의 생명의 근원이십니다.
그분이 이 세상을 만드셨습니다.
그분이 푸른 소나무 푸른 들판 푸른 풀밭을 조성하셨습니다.
그분은 바다를 지으시고 강을 만들고
그 속에 수많은 물고기를 살게 하셨습니다.
그분이 손을 드시면 생명들이 살아납니다.
그분이 가는 곳에 어둠은 사라지고 빛이 환하게 비추입니다.
그분이 가는 곳에 새들이 노래하며 춤을 춥니다.
그분은 생명입니다.
그분은 생명을 잉태합니다.
그분은 생명을 탄생시킵니다.
그분은 하늘이요
그분은 땅입니다.
그분은 만물의 주인이십니다.
그분은 사랑을 만드십니다.

그분은 아파하십니다.
그분은 고치시고 치유하십니다.
그분은 결단을 하십니다.
그분이 허락하시면 푸른 풀밭이십니다.
그분이 말씀하시면 맑은 물이 동산을 적시고
사막에 강이 흐릅니다.
그분은 생명의 풀밭이십니다.
그분은 생명수 흐르는 맑은 샘이요 냇가입니다.
우리가 이 푸른 풀밭과 푸른 냇가에서
주님과 영원히 살게 하소서. 아멘.

85. 시편 23편(3)

내 영혼을 소생시키소서

사랑의 주님!
살아 있는 많은 것들이 시들해집니다.
하늘의 비는 그치고 살인 같은 햇볕으로
땅과 바다가 타들어 갑니다.
저들이 살아나기를 바랍니다.
저들이 소생하기를 바랍니다.
맘몬에 사로잡힌 저들은 주님을 잃어버리고 산 지가 오래입니다.
저들은 땅이 썩는지도 모르고 바다가 오염되는지도 모른 채 삽니다.
아니 알고도 모르는 것같이 삽니다.
영혼은 생명의 밑씨입니다.
영혼은 생명의 등불입니다.
영혼은 바람입니다.
영혼은 하늘의 단비입니다.
영혼은 생명의 물입니다.
영혼은 숲속의 백합화입니다.
영혼은 흐르는 물줄기를 솟구치는 살아 있는 생명체입니다.
영혼은 희망입니다.
영혼은 사랑입니다.

영혼은 고통입니다.
영혼은 태우는 불입니다.
영혼은 움직이는 생명입니다.
영혼은 밤하늘의 별입니다.
영혼은 풀벌레의 노래입니다.
영혼이 있어야 합니다.
영혼이 살아야 합니다.

생명의 주님!
우리의 시들해진 영혼을 살게 하소서.
우리의 죽은 영혼을 소생시키소서.
우리 주 예수 그리스도의 이름으로 기도합니다. 아멘.

86. 시편 23편(4)

사망의 음침한 골짜기

우리의 삶은 사망의 음침한 골짜기의 연속입니다.
우리의 그 계곡에는 알 수 없는 무지의 골짜기가 있습니다.
우리의 계곡에는 아무도 예측할 수 없는 골짜기가 있습니다.
우리의 계곡에는 갑자기 빛이 없는 계곡이 놓여 있습니다.
우리의 골짜기가 더 깊이 수렁이 되어 가기도 합니다.
하나의 골짜기를 넘으면 다른 골짜기가 기다리고 있습니다.
병마의 골짜기가 우리를 기다리기도 합니다.
고통스러운 이별의 골짜기가 기다리기도 합니다.
너무도 큰 상처의 골짜기가 앞을 가로막기도 합니다.
너무도 견딜 수 없는 천 길의 골짜기가 기다리며
건널 수 없는 골짜기도 있습니다.
그것은 죽음의 골짜기입니다.
그것은 사망의 골짜기이기도 합니다.
그것은 꺼져가는 골짜기도 되며
그곳은 상한 골짜기이기도 합니다.
그곳은 눈물의 골짜기입니다.
그곳은 피땀의 골짜기입니다.
그곳은 가시 골짜기입니다.

삶은 사망의 골짜기입니다.
그곳은 고통의 골짜기입니다.
아무도 그것을 피해 갈 수 없습니다.
우리는 이것을 지나가야 합니다.
우리는 이 골짜기를 건너갈 수 있습니다.
죽음의 골짜기가 생명의 골짜기로 바뀔 수 있습니다.
주님과 함께하면 그럴 수 있습니다.
주님과 같이 가면 그럴 수 있습니다.
주님의 손 붙잡으면 그럴 수 있습니다.

주여, 주님과 함께 사망의 골짜기를 건너게 하소서.
우리 주 예수 그리스도의 이름으로 기도합니다. 아멘.

87. 시편 23편(4)

주여 함께 하소서

사람들은 모두 외로워합니다.
사람들은 혼자 슬퍼합니다.
사람들은 누군가에게 위로 받기를 바랍니다.
사람들은 부족한 사랑을 채우기 원합니다.
사람들은 시인이 되고자 합니다.
사람들은 좋은 음악과 그림을 위해
영감을 받기 원합니다.
사람들은 좋은 길을 가고자 합니다.
모든 이들은 자녀가 잘 되기를 바랍니다.
모든 사람들은 행복을 바랍니다.
모든 이들은 사람답게 살기를 바랍니다.
모든 사람들은 건강하게 오래 살기를 바랍니다.
거기에 하나의 길이 있습니다.
주님과 함께하는 길입니다.
주님의 말씀과 함께 사는 길입니다.
주님과 기쁨을 나누는 길입니다.
주님의 사랑과 함께하는 것입니다.
주님을 닮아가는 길입니다.

우리는 누군가 함께하기를 바랍니다.
우리는 누군가 함께 가기를 바랍니다.
우리는 누군가 함께 있어 주기를 바랍니다.
내가 세상과 모든 이들로부터
버림을 당했다는 생각이 들 때 그렇습니다.
이제는 희망이 없다는 생각이 들 때 그렇습니다.
이제는 아무도 나의 마음을 알아 줄 이 없고
나를 인정해줄 이 없다고 생각이 들 때 그러합니다.
삶의 벼랑 끝에서 함께해줄 누군가가 절실히 필요합니다.
존재의 의미와 살 가치를 모두 상실했을 때
누군가 같이해 주기를 바랍니다.
그러나 진실로 주님이 언제나 함께해 주시기를 바랍니다. 아멘.

88. 시편 23편(4)

나는 두려워하지 않습니다

사랑의 주님!
이 세상엔 두려운 것이 너무도 많습니다.
밤길을 다니는 것이 너무도 두렵습니다.
아이들과 특히 어린 딸들을 혼자 있게 하는 것이 두렵습니다.
철없는 자녀들을 혼자 있게 하는 것이 두렵습니다.
공포의 세상입니다.
두렵고 떨리는 세상입니다.
잎새에 바람만 불어도 두려움이 몰려옵니다.
창문을 열기가 두렵습니다.
더러운 공기
시꺼먼 매연이 내 목구멍을 타고 오는 것이 두렵습니다.
먹을거리가 두렵습니다.
물건 사기가 두렵습니다.
거짓된 것이 홍수를 이룹니다.
짝퉁이 바다를 이룹니다.
전쟁이 무섭습니다.
원전이 두렵습니다.
체르노빌 후쿠시마가 두렵습니다.

강대국의 음흉한 전쟁 놀음이 두렵습니다.
독재의 아성이 무섭습니다.
민주의 짓밟힘이 두렵습니다.
남북과 동서의 갈등이 두렵습니다.
세상은 두려움의 바다입니다.
세상은 두려움의 소굴입니다.
주님의 막대기
주님의 지팡이가 필요합니다.
아니 그 지팡이와 막대기가 있어야 합니다.
모든 두려움을 쫓아내고
승리할 그 사랑의 지팡이와 막대기 말입니다. 아멘.

89. 시편 23편(4)

나를 안위하소서

생명의 주님!
사람들이 원하는 많은 것들이 있지만
마음의 평안과 몸의 편안이 첫째일 것입니다.
그러나 눈을 뜨고 있거나 심지어는 잠을 자는 동안에도 사람들은
염려와 걱정이 끊이질 않습니다.
신문과 방송 혹은 인터넷과 사회 매체에서 보고 듣는 거의 모든 것은
우리를 불안과 초조함으로 살게 하는 경우가 많습니다.
내전으로 인해 한 시간도 앞날의 안전을 보장 받지 못하는
사람들을 보며 안타까움을 금할 길 없습니다.
잦은 홍수와 재난으로 인한 사람들의 아픔은
그들의 삶이 얼마나 고달픈지 알 수 있습니다.
깨끗한 물을 먹지 못하고 목마름에 처한 많은 사람들
먹을 것이 없어 배고파하며
아파도 치료 받지 못하는 사람들을 보면 마음이 아파옵니다.
부모와 자녀의 갈등 문제로 끔찍한 사람들
부부 사이의 갈등 문제로 자녀들이 겪는 아픔들을 볼 때마다
오늘의 세태에 메이는 가슴을 지울 수가 없습니다.
이 세상의 것을 소유하려고 할 때마다

우리는 더욱 큰 불안과 위태로움을 느낍니다.
물질과 돈이 있어야 삶을 윤택하게 살 수 있는 것이 현실입니다.
그런데 물질의 풍요가 있어도
여전히 만족하지 못하는 것은 왜일까요?
우리의 채워지지 못한 그 자리를 주님만이 채울 수 있습니다.
주님은 단순히 빈 곳만을 채우는 분이 아니라
우리 삶 전체를 책임지는 분이십니다.

주여, 우리 삶의 전부를 받아 주시고 안위해 주소서.
예수 그리스도의 이름으로 기도합니다. 아멘.

90. 시편 23편(4)

주의 지팡이와 막대기

사랑의 주님!
세상에는 많은 이리와 늑대들이 양의 가죽을 쓰고
사방에서 우겨 쌉니다.
맘몬과 물질의 유혹과 갖은 쾌락과
마약과 알코올과 담배의 유혹
노름과 갬블링의 유혹
한탕주의 유혹들이 늑대와 이리가 되어
우리의 몸과 영혼을 어둠과 죽음으로 끌어당기고 있습니다.
자기를 과시하기 위한 부정한 권력을 위해
민중과 백성을 속이며 썩은 업적을 남기려는 유혹이 너무 강합니다.
돈을 벌기 위해서는 타인의 인격과 생명을 무너뜨리고
죽이는 일을 중단 없이 감행합니다.
성을 상품화하고 생명을 담보로 하여
인간의 존엄성을 무용지물화시킵니다.
후쿠시마 원전의 진실을 어둠 속에 방치하고
거짓으로 일관하는 죄악을 저지르고도
분단을 악용하여 국민과 민중을 속이며
역사의 진위를 조작하며 삶의 근본적 가치를

회칠한 무덤으로 만들고 있습니다.
언론의 권력과 자본의 결탁에 의한
역사 왜곡은 민족과 나라 그리고 이 사회의
미래와 희망을 짓밟고 있습니다.
생사 화복을 주관하시고
역사의 시작과 끝을 주관하시는 주님!
우리의 지팡이와 막대기가 되어서
생명의 참을 살게 하시고
잘못되고 병든 역사와 생명들을 치유케 하소서.
우리의 몸과 생명의 위험으로부터
우리를 지키시는 예수 그리스도의 이름으로 빕니다. 아멘.

91. 시편 23편(5)

원수의 목전에서

사랑의 주님!
원한으로 병이 들도록 해를 끼친 자를
용서하고 사랑하며 그들을 위하여 기도할 수 있게 하소서.
그러나 그것이 얼마나 어려운 것인지를 알 수 있습니다.
나를 중상모략하고
나의 앞길을 막으며
그로 인해 가정이 해체되고
병들며 삶의 존재의 의미를 상실케 하는 원수들
그 원수들을 어찌해야 합니까?
그들을 잊는 것입니까?
일본 군국주의를 통해 이 민족과
동북아 세계 역사에 저질러온 만행들을
잊으면 용서가 되는 것입니까?
원수 앞에서 고개를 돌리고
모른 체하며 눈을 감으면 잊을 수 있는 것입니까?
아니면 원수들이 잘못하는 것을 보고
그들을 호통치고 나무라며 회개를 촉구해야 합니까?
거짓 정권에 야합하여 아부와 아첨을 떨며

거짓으로 민중을 억압하고 호도하며
역사를 왜곡하는 일들을 바로잡도록 해야 합니까?
자녀가 잘못하는 것을 그저 모른 체하는 것이
진정한 사랑이 되는 것입니까?
예수 그리스도가 원수의 거짓 폭력 앞에서
십자가에 죽임당하신 것은 원수에 대한 사랑입니까?
원수에게 저항하되 비폭력 저항을 해야 하는 것입니까?
생명을 살상하지 않으며 마음의 감동을 통해
회개와 변화를 기도하는 것 말입니다.
원수의 목전에서 악을 선으로 이기게 하소서. 아멘.

92. 시편 23편(5)

내 잔이 넘치나이다

생명의 주님!
저는 수없는 죽음의 계곡을 지나왔습니다.
수많은 범죄의 생각과 악을 생각하였습니다.
지금까지 지나온 세월의 골짜기마다
죽음과 죄악의 어둔 밤을 셀 수 없을 정도입니다.
나를 해치려는 자를 죽이고 싶을 때가 한두 번이 아니었습니다.
나를 해하고 나의 앞길을 막는 자에 대한 증오와 미움이
오장육부를 휘돌아 뼛속을 채워 가기도 하였습니다.
선과 악이 지킬과 하이드가 내 중심에서
서로 싸우고 씨름을 아니할 순간이 없었습니다.
성령과 악령이 나를 두 갈래로 찢어 놓아
밤을 지새우는 일이 수도 없었습니다.
내가 거룩하게 되는 일이나
거룩을 만들 수 있는 일은 내 몸에는 존재하지 않습니다.
위선자와 거짓을 말하는 자
약속과 신의를 배신하는 자
하나님의 법과 양심의 법을 어기는 자
두 얼굴로 사는 자

불법을 행하는 자
약자를 짓밟는 자를 보면
모세가 그러하듯이 내리치고 싶은 마음을 잠재울 수 없습니다.
분노가 치밀어 눈을 감을 수 없을 만큼
온몸이 소스라쳐 옵니다.
민족 분단으로 권력 창출과 정권을 유지하는 자
그러한 불의한 정권의 하수인 노릇을 하는 자
그리고 그 불의한 권력과 유착하여 부를 축적하고
부를 세습하는 자들을 보면
참을 수 없는 불이 내면의 밑바닥으로부터 끓어오릅니다.
더욱이 창조주의 이름과 예수 그리스도의 이름으로
자기 뱃속을 채우며 밥벌이와 세속의 잇속을 불려가는
거짓 종교가들을 보면
몸과 마음이 떨려옵니다.
사랑을 말하며 사랑을 탈취하고
정의를 앞세워 정의를 무너뜨리고
진실을 말하며 거짓으로 업을 삼는 자들을 보면
심장의 추가 멈추는 분을 참을 수가 없습니다.
나 자신의 무력함과 무능함으로 고통을 겪는 사람들을 생각하면
나 자신도 용서할 수 없는 미움으로 밤을 지새우기도 합니다.

생명의 주님!
그러나 주의 자비와 긍휼로 이 죄인을 용서하소서.
이미 용서 받았고 또 용서하실 줄로 믿습니다.

원하기는 주의 뜻을 부정하지 않게 하시고
같은 죄를 반복하지 않게 하소서.
모든 죄악을 이기고
끝내는 선으로 악을 이기는 승리자가 되게 하소서.
그리하여 어둠과 죽음의 그림자는 흔적도 없이 사라지게 하시고
생명의 잔이 넘치게 하소서.
역사와 삶의 진실을 살고
불의와 타협하지 않게 하시며
공의와 정의를 세워 가되
죄악에서는 떠나게 하소서.
모두를 품을 수 있는 넉넉함과 풍성함을 주시고
나의 맘은 힘과 에너지를
필요로 하는 사람들을 위하여 쏟게 하소서.
우리 주 예수 그리스도의 이름으로 기도합니다. 아멘.

93. 시편 23편(6)

하나님의 집에 영원히 살게 하소서

사랑의 주님!
이 세상에는 헤아릴 수 없는 많은 집들이 있습니다.
하늘 높이 솟아오르는 집도 있고
땅 속의 집도 있습니다.
콘크리트와 붉은 벽돌로 지은 집도 있고
흙으로 지은 집도 있습니다.
궁궐 같은 집도 있고
자연과 공존하는 허술한 집도 있습니다.
새와 곤충 그리고 미물과 벌레도 몸을 의탁할 집이 있습니다.
사람들은 더 화려하고 편리한 집
그들이 원하는 아름다운 집을 설계하고 짓고 있습니다.
많은 세월이 지나도 긴 세월을 견디고
역사의 유물이 되는 집도 있습니다.
산 자의 집도 있고 죽은 자의 집도 있습니다.

집 없는 자의 설움은 너무도 큽니다.
비바람을 피하고
눈비와 북풍한설을 피할 수 있는 집이 필요합니다.

여우도 굴이 있고 새도 보금자리가 있습니다.
집은 혼자만의 집이 아니라
가족이 함께하는 안식처입니다.
누구나 뜨거운 햇빛을 피하고
추위를 피할 집이 있어야 합니다.
나그네와 고아와 과부의 집은 필히 있어야 합니다.
병들고 소외되며 가난한 자의 집이 꼭 있어야 합니다.
아프고 상처받고 병든 자가 쉴 만한 집이 꼭 있어야 합니다.

사랑의 주님! 그렇지만 이러한 집들은 영원한 집은 아닙니다.
진정으로 쉴 만한 집도 아닙니다.
이 집들은 낡아지고 무너지며 없어질 집들입니다.
썩지 않고 쇠하지 아니하며 없어지지 아니할
주님의 집에 영원히 살게 하소서. 아멘.

94. 시편 24편(1)

모든 것이 하나님의 것

오랫동안 사람들의 바람과 소망은 잘 사는 것이었습니다.
잘 사는 것과 자알 사는 것은 다릅니다.
잘 사는 것은 하나님의 뜻으로 살고 바르게 사는 것입니다.
자알 사는 것은 부귀영화를 누리는 것을 말합니다.
부귀영화를 누리려는 것은 인간의 탐욕과 욕심에서 비롯됩니다.
잘 사는 것은 바르게 사는 정의로운 삶을 말합니다.
잘 사는 것은 소수가 독점하는 것이 아니라
함께 더불어 사는 것을 말합니다.
함께 더불어 사는 것은 자본과 능력의 삶이 아니라
모두를 존귀하고 귀히 여기며 사랑하는 삶을 말합니다.
나만의 만족한 이기적인 삶이 아니라
내가 사는 주변과 사회에 사는 사람들에 대한
배려와 관심을 말합니다.
이러한 잘 사는 삶은 정직하고 진실된 실천의 삶이 되어야 합니다.
잘 사는 삶은 받는 것은 받고자 하는 삶이 아니라 주는 삶을 말합니다.
개인의 정직이 아니라
정치 · 경제 · 문화 · 사회 · 교육 · 종교 전 분야에 있어서
제도적인 정의와 정직을 이루는 삶이 되어야 합니다.

원죄가 용서받아야 하지만
구조 악을 없애서 불의한 삶을 없애야 합니다.
복지 사회는 모두 함께 사는 평등의 사회를 말합니다.
평등은 이념이 아닙니다.
평등은 정의가 이루어지는 사회입니다.
우리가 분명히 알아야 할 것은 이 땅의 모든 것은
인간의 것이 아니라 하나님의 것이라는 것입니다.
부조리하고 모순된 삶이 정화되는 사회는
단순한 경제적 평등만이 아니라
인간의 존엄성이 지켜지고 실현되는 사회를 말합니다.
이러한 존엄과 평화의 세상은 각자 자신이 먼저 실천하고
사회적 합의와 제도적 실천이 있어야 합니다.

사랑의 주님!
이 모든 것이 이루어지도록
이 땅의 모든 것이 하나님의 것인 것을 알게 하소서.
예수 그리스도의 이름으로 기도합니다. 아멘.

95. 시편 24편(2-4)

하나님의 산에 오를 자

우리는 많은 산을 오르고자 합니다.
산을 오르고자 하면 숨이 차고 힘이 들어
주저앉을 때가 많습니다.
그러나 힘든 과정을 참고 산 정상에 오르면
그 쾌감은 말할 수가 없습니다.
산 정상을 오르는 과정에서 우리는 많은 것들을 보고 만납니다.
계곡을 흐르는 맑은 물과
많은 나무들과 새들과 벌레들, 곤충들을 보게 됩니다.
떨어진 낙엽을 밟기도 하고 아름답게 핀 수줍은 꽃도 만나게 됩니다.
산을 통해 호흡하는 맑은 공기와 물은
우리의 더러워진 심신을 맑고 깨끗하게 합니다.
우리가 산 정상을 오르면 반드시 내려와야 합니다.
세상에서 아무리 높은 산이라도
하늘 아래 있습니다.
이 땅의 아무리 높은 산이라도 사람들은
오르기를 멈추지 않습니다.
그러나 하늘의 산은 사람의 노력으로는 오를 수 없습니다.
하늘의 산은 하나님께 순종하는 방법이 아니면 오를 수 없습니다.

하나님의 산을 오르기 위해서는 인간이 가진 모든 욕심과 탐욕을
내려놓아야만 합니다.
사람의 교만과 고집과 주장을 내려놓아야만 합니다.
하나님의 산을 오르기 위해서는 성령으로 거듭나야만 합니다.
하나님의 산을 오르기 위해서는 매 순간 자신을 쳐서
무릎을 꿇을 수 있어야 합니다.
이 시대를 사는 누가 하나님의 산에 오를 수 있습니까?
최고의 권력자입니까?
최고의 자본가입니까?
최고의 교권자입니까?
아닙니다. 진정한 하나님의 자녀만이 그곳에 오를 수 있습니다.
겸손, 겸손 또 겸손한 자만이 그곳에 오를 수 있습니다.
하나님의 산은 거룩한 곳입니다.
거룩한 자가 하나님의 산에 오를 수 있습니다.
거룩한 자는 하나님의 뜻과 세속의 탐욕을 분별할 수 있는 자입니다.
거룩한 자는 진실과 거짓을 가릴 수 있는 자입니다.
거룩한 자는 하나님의 뜻을 위해 기꺼이
고난을 감수할 수 있는 자입니다.
거룩한 자는 역사의 변화와 혁명을 위해
자신의 몸을 기꺼이 던지고 불태울 수 있는 자입니다.
거룩한 자는 하나님의 나라를 위해 고난과 죽음을 두려워하지 않는
땅에 발을 딛고 있지만 하늘에 속한 자입니다.
거룩한 자는 이 땅의 모든 것을 초개와 같이 여기며 사는 자입니다.
거룩한 자는 이 땅의 썩어질 어떤 것에도 굴복하지 않는 자입니다.

거룩한 자는 사랑과 용서의 진실을 알 수 있는 자입니다.
거룩한 자는 하나님의 뜻을 위해 모든 것을 버릴 수 있는 자입니다.
거룩을 먹고 사는 자는
어떤 절망의 순간이 와도 삶을 포기하지 않습니다.
거룩의 삶을 사는 자는 가시에 찔리면서도
최고의 향기를 땅과 하늘에 퍼뜨리는 자입니다.
거룩한 자는 거짓된 힘에 아부와 아첨을 하지 않습니다.
거룩한 자는 힘없고 약한 자를 무시하거나 멸시하지 않습니다.
거룩한 자는 이 땅의 업적에 매이지 않습니다.
거룩한 자는 독재와 독점과 독단을 거부합니다.
거룩한 자는 함께 더불어 사는 공동체를 포기하지 않습니다.
거룩한 자라야 하나님의 산에 오를 수 있습니다.
거룩하고 하나님의 산에 오를 수 있는 사람은
손이 깨끗하고 마음이 청결하며, 뜻을 허탄한 데 두지 아니하며
거짓 맹세를 하지 않는 사람입니다.
이런 사람이 하나님의 산에 오를 수 있습니다.
이것은 결코 어려운 일이 아닙니다.
우상을 버리고 하나님의 말씀에 순종하는 삶을 살면 됩니다.
악을 물리치고 진리를 깨달으며 정의의 삶을 살면 되는 것입니다.

사랑의 주님!
우리가 하나님의 산에 오를 수 있도록 거룩한 삶을 살게 하소서.
예수 그리스도의 이름으로 기도합니다. 아멘.

저 자 후 기

필자는 오래 전부터 많은 사람들에게 책 내기를 요구 받아 왔다. 나의 삶과 이야기를 듣는 많은 사람들이 책 쓰기를 권했다. 그러나 나의 게으름과 준비 부족으로 지금껏 작은 책자 하나 내지 못했다. 여기저기 내게 주어지는 하나님의 음성을 표현하고 작은 글들을 어떤 때는 기독교 잡지에, 어떤 때는 기독교 신문이나 작은 소책자에 써내었다.

오늘날 책을 읽는 사람들은 갈수록 줄어들고 있다. 그럼에도 나의 작은 생각들을 기도문 형식으로 써내려 갔다. 시편의 말씀에서 얻은 영감을 가지고 나와 이 시대를 향한 여러 가지 문제를 기도문 형식으로 써본 것이다. 인간과 역사, 우주와 자연, 인간과 자연의 상관관계 그리고 땅과 하늘의 조화, 삶의 도리, 용서와 사랑, 삶과 죽음의 문제 등을 이 작은 책자에 표현하고자 하였다. 독자들은 공감할 수도 있고 거부할 수도 있다. 그 모든 것은 독자들의 자유와 선택이다. 필자와 다른 경험, 다른 생각, 다른 이해와 해석을 가지고 살아가기 때문이다.

단지 삶을 사는 동안 적어도 아니 이렇게 생각하며 사는 한 사람도 있구나 하는 것을 알면 족할 것이다. 시대는 급격한 변화를 하고 역사의 미래를 쉽게 점치기 어려운 현재를 살고 있다. 필자는 인간의 이성과 과학으로 해결할 수 없는 땅의 문제를 하늘의 지혜를 통해 풀 수 있다는 희망을 노래하였다. 인간의 교만을 버리고 하늘의 소리와 하나님의 말씀에 다가가기를 노래했다. 인간만의 삶이 아니라 자연과 공존하는 삶을 살기를 노래했다. 나 혼자만의 삶이 아니라 나와 너가 함께 더불어 사는 조화로운 삶을 노래했다. 불의를 기뻐하는 자의 아부 아첨을 버리고 모두가 함께 사는 생명·평화·정의와 자유 그리고 인간의 존엄성이 지켜지는 삶을 노래했다.

절망의 삶에도 새로운 하나의 문이 있음을 알고, 포기하는 삶이 아니라 다시 일어나 걷고 뛰며 용기 있는 도전의 삶을 살도록 노래했다.

부드러우면서도 강하고 강하면서도 부드러운 삶을 사는 투지와 지혜를 노래했다. 이 모든 것은 우리의 힘이 아니라 하나님의 말씀과 성령의 능력 안에서 가능하다는 것을 강조했다. 그러므로 우리 주 예수 그리스도 안에서 살아 계신 하나님과 나사렛 예수 십자가에서 우리의 죄를 용서하시고자 죽고 부활하신 주님을 만나 영생의 삶을 살도록 노래했다.

부디 이 글을 읽는 독자께서 살아 계신 하나님을 만나고 모든 병의 치유를 경험하며 새로운 삶의 출발이 되었으면 하는 마음 간절하다.

필자는 앞으로도 주님이 주시는 말씀과 성령의 능력 안에서 이러한 살아 있는 글을 쓰고자 기도한다. 독자들의 삶에 우리 주 예수 그리스도의 크신 은총과 축복이 넘치기를 기도한다.

이 기도문은 화려한 문체나 글의 짜임새를 자랑하지 않는다. 예수 그리스도의 제자 되기를 원하는 작은 목자로서 삶과 역사, 개인의 희망을 솔직하게 노래하고자 한 것이다. 한편으로는 위기와 무너짐을 논하는 한국 교회의 중심이 바로서고 그 교회 공동체를 통해 이 사회가 살맛 나며 사랑과 정의·평화의 강물이 삶의 큰 바다와 강 그리고 하천과 샛강까지 넘쳐흐르기를 바라는 마음이다.

소유가 아니라 존재의 의미와 가치가 생성되고 희로애락의 춤이 아리랑 고개를 넘어 남과 북을 가로지르고 유라시아와 오대양 육대주를 싸안았으면 한다. 글과 문장은 참으로 졸필이고 부끄럽기 짝이 없다. 그러나 내가 사는 이 세상과 역사를 긍정하고 모든 곳에서 희망의 샘이 철철 넘치기를 바라는 마음이다.

나는 항상 이 땅과 파란 하늘을 이어서 바라본다. 이 땅의 치열함과 저 하늘 우주 공간의 넓고 깊은 신비를 보며 한계와 무한의 삶의 고리를 발견하게 되는 것이다. 이 땅에서 발을 뗄 수도 없지만 저 하늘을 없다 할 수도 없다. 땅과 하늘이 하나 되는 경험을 하며 모든 한계를 넘고자 하며 그 둘이 완성해가는 나와 우리를 발견하게 된다.

산과 바다, 하늘과 구름, 계곡과 숲, 들풀과 버려진 돌멩이 이 모든 것들이 내게는 삶의 힘으로 다가온다. 다름과 차이를 넘어서서 우리가 만나는 꼭짓점을 이어가려는 소통의 길을 발견하려는 목마름이다. 우주만물의 창조주를 기억하고 초월적인 하나님과 수평적인 인간과 자연의 만남으로 새로운 창조가 계속되기를 기도한다.

```
┌─────┐
│ 판 권 │
│ 소 유 │
└─────┘
```

한국교회 희망을 향한 타는 목마름

2014년 5월 25일 인쇄
2014년 5월 30일 발행

지은이 | 홍성표
발행인 | 이형규
발행처 | 쿰란출판사

주소 | 서울특별시 종로구 이화장길 6(이화동)
TEL | 02-745-1007, 745-1301, 747-1212, 743-1300
영업부 | 02-747-1004, FAX / 02-745-8490
본사평생전화번호 | 0502-756-1004
홈페이지 | http://www.qumran.co.kr
E-mail | qrbooks@daum.net
         qrbooks@gmail.com
한글인터넷주소 | 쿰란, 쿰란출판사

등록 | 제1-670호(1988.2.27)

책임교열 | 오완 · 정연숙

값 13,000원

ISBN 978-89-6562-604-6 03230

* 이 출판물은 저작권법에 의해 보호를 받는 저작물이므로 무단 복제할 수 없습니다.
  잘못된 책은 교환해 드립니다.